Manuel populaire de citoyenneté

Réponse au conservatisme canadien

ARBEITER RING PUBLISHING · WINNIPEG

Also published in English under the title *People's Citizenship Guide: a response to conservative Canada*, 2011 (ISBN 978-1-894037-56-3)

Arbeiter Ring Publishing
201E-121 Osborne Street
Winnipeg, Manitoba
Canada R3L 1Y4
www.arbeiterring.com

Imprimé au Canada par Kromar Printing
Graphisme: Relish New Brand Experience

 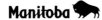

Nous remercions le Conseil des arts du Canada de son soutien à notre programme d'édition.

Avec l'aide du Conseil des arts du Manitoba/Manitoba Arts Council.

ARP tient à exprimer sa reconnaissance à Culture, Patrimoine et Tourisme Manitoba et au gouvernement du Canada par l'entremise du Fonds du livre du Canada pour l'appui financier qu'ils fournissent à ses activités de publications.

Arbeiter Ring Publishing remercie la province du Manitoba du soutien qu'elle lui apporte grâce au Crédit d'impôt pour l'édition et au Programme d'aide commerciale aux maisons d'édition.

We acknowledge the support of the Canada Council for our publishing program.

With the generous support of the Manitoba Arts Council.

ARP acknowledges the financial support of our publishing activities by Manitoba Culture, Heritage, and Tourism, and the Government of Canada through the Canada Book Fund.

ARP acknowledges the support of the Province of Manitoba through the Book Publishing Tax Credit and the Book Publisher Marketing Assistance Program.

Imprimé sur du papier contenant au moins 30 % de déchets postconsommation recyclés.

CATALOGAGE AVANT PUBLICATION DE BIBLIOTHÈQUE ET ARCHIVES CANADA

Manuel populaire de citoyenneté : réponse au conservatisme canadien / [sous la direction de] Sonya Roy.

ISBN 978-1-894037-78-5

1. Canadiens. 2. Canada--Conditions sociales. 3. Citoyenneté--Canada.
4. Conservatisme--Canada. I. Roy, Sonya, 1970-

FC97.M36 2012   971   C2012-907348-2

Table des matières

Message à nos lecteurs et lectrices

UN GUIDE SUR LA CITOYENNETÉ CANADIENNE *doit tenir compte, pour reprendre une expression chère au philosophe québécois Charles Taylor, de la « diversité profonde » de ce pays. En d'autres termes, il faut d'entrée de jeu clairement reconnaître le caractère multinational inhérent au Canada. Il s'agit d'une prémisse incontournable aux discours, aux débats et aux dialogues qui façonnent la société canadienne. Pour les auteurs de ce livre, le concept de citoyenneté canadienne doit aussi tenir compte de la nation québécoise et des Premières Nations autochtones vivant au Québec et au Canada.*

Dans cette perspective, il importe également de rappeler que des concepts comme État, nation, fédération, culture, société et citoyenneté n'ont pas nécessairement les mêmes significations et interprétations au Québec et au Canada. Ainsi, les divergences de vues et les tensions qui surgissent autour de ces notions peuvent être nombreuses. Ceci n'est guère lié au parti politique actuellement au pouvoir au Canada. Le journal tenu par le journaliste André Laurendeau durant son mandat de coprésident de la Commission Laurendeau-Dunton durant les années soixante montre d'ailleurs bien que les mésententes entre le Québec et le Canada sur ces notions ne sont pas le résultat d'une manœuvre politicienne récente.

Conséquemment, les auteurs de ce livre croient que l'État canadien n'est pas une entité englobante qui couvre et inclut toute la diversité canadienne. La réunion de colonies britanniques, qui donne naissance à l'Acte de l'Amérique du Nord britannique, témoigne des compromis fédératifs qui ont été nécessaires pour accommoder les deux communautés linguistiques majoritaires canadiennes. Dans une perspective contemporaine, si l'on souhaite avoir une vision juste et représentative des enjeux de citoyenneté au Québec, il faut aussi considérer le

Arrivée d'immigrants
à la gare de Winnipeg,
vers 1909

gouvernement provincial, qui sert les citoyens de son territoire et que plusieurs voudraient voir devenir un État souverain. À l'instar du Canada, le XXᵉ siècle est caractérisé au Québec par l'émergence d'un État providence, dans lequel le gouvernement est un acteur socio-économique important qui répond aux aspirations et aux besoins d'une nation et d'une culture majoritairement francophone.

Comme on peut ainsi le constater, les nations sont complexes, et nos sentiments à leur égard aussi. Répression, exclusion et exploitation font certes depuis longtemps partie de l'histoire du Canada, mais le pays est aussi caractérisé par une diversité née du travail, des idées et des cultures de tous ses habitants.

Il faut également souligner que le Canada s'est bâti sur des terres autochtones. Pendant plus de 400 ans, des peuples non autochtones, français, anglais et enfin, canadiens, les ont revendiquées. Certains nouveaux arrivants y ont été accueillis et respectés, alors que d'autres y ont été bannis, marginalisés et exclus. Par ailleurs, le Canada est encore une société coloniale. C'est une « monarchie constitutionnelle » dont la monnaie porte l'effigie de la reine d'Angleterre, effigie qui a récemment refait son apparition dans les missions diplomatiques et consulaires du gouvernement, tant à l'étranger que dans certains lieux publics du pays.

Le gouvernement canadien exige beaucoup des personnes qui déposent une demande de citoyenneté, y compris le passage d'un examen mesurant leur connaissance du Canada. Cela dit, il convient de rappeler que l'immigration est une compétence partagée selon la Constitution canadienne. De plus, l'Accord fédéral-provincial de 1978 donne au gouvernement du Québec la compétence exclusive de sélectionner les immigrants permanents qui veulent s'établir sur son territoire (sauf les réfugiés et les immigrants qui viennent au Canada en vertu du programme de regroupement familial) et de déterminer le nombre d'immigrants qu'il souhaite accueillir annuellement. Il n'en demeure toutefois pas moins que les immigrants qui souhaitent vivre au Québec s'installent en réalité au Canada et que tout un pan de la vision du « Canada » sur lequel l'examen d'admission est basé reflète une perspective nationaliste, militariste et raciste du pays et de son histoire.

Le présent guide propose une vision différente de l'identité canadienne, vision que vous ne trouverez pas dans la documentation officielle canadienne ou québécoise. Les Canadiens ont depuis longtemps remis en question ce qu'est le Canada, ce qu'il pourrait et devrait être. Les peuples autochtones ont résisté à l'État canadien et les Canadiens français d'abord, puis les Québécois, ont construit leur propre vision du Canada. Les femmes, les travailleurs et les immigrants ont quant à eux tous lutté pour rendre le pays plus juste et plus équitable.

Bien que nous estimions que ce guide présente une image plus fidèle et honnête du Canada, nous ne prétendons pas être dépositaires d'une quelconque « vérité ». Nous n'avons pas la prétention de dépeindre un portrait « authentique » du Canada ou du Québec. Le guide a été rédigé par un groupe de personnes aux horizons divers et aux perspectives différentes, chacune ayant son propre domaine d'expertise. Dans cette version française du guide, nous avons voulu donner une voix plus forte aux réalités du Québec et à sa diversité ethnoculturelle. À la différence du gouvernement du Canada, nous n'entendons pas imposer une vision monolithique du pays qui exclurait tout fait ou toute expérience allant à l'encontre d'une vision nostalgique d'un passé présenté de façon simpliste qui n'a jamais vraiment existé. Avec ce guide, nous voulons par-dessus tout contester l'approche actuelle du gouvernement et encourager la réflexion sur la signification de la citoyenneté canadienne. Ce guide n'aidera personne à réussir l'examen visant à devenir citoyen du Canada. Pour cela, vous devrez visiter le site Web de Citoyenneté et Immigration Canada, à www.cic.gc.ca. Nous espérons cependant que le présent guide, rédigé dans un style essayistique, pourra susciter la réflexion et enrichir la vision de la citoyenneté canadienne que propose le guide d'étude Découvrir le Canada.

Serments, citoyennetés et pluralité canadienne

Le Québec, en vertu de la Constitution canadienne et des ententes fédérales-provinciales en matière d'immigration, a le pouvoir de décerner un « certificat de sélection » et la possibilité d'organiser des cérémonies de bienvenue pour accueillir « ses » immigrants, mais il reste que c'est Ottawa qui décide en dernière instance de l'admission finale et de l'octroi de la résidence permanente. Ainsi, tout nouvel arrivant doit, lors de la cérémonie de citoyenneté (l'ultime étape menant à l'obtention de la citoyenneté canadienne), répéter une suite de mots étranges et vieillis, faire des promesses d'allégeance d'une portée indéfinie envers la Couronne britannique et les lois canadiennes et enfin promettre de remplir ses obligations de citoyens.

Soulignons par ailleurs que le gouvernement fédéral canadien a récemment donné à l'armée un rôle accru dans cette cérémonie. Un représentant militaire doit dorénavant y assister. Depuis octobre 2011, un haut gradé de l'armée peut même présider les cérémonies, en lieu et place du juge de la citoyenneté. L'une des tâches de cet officier est de parler aux nouveaux citoyens « des responsabilités et des privilèges rattachés à la citoyenneté canadienne ». Ces changements sont symboliques, mais ils ne sont pas pour autant sans importance. Cette nouvelle mise en scène révèle en effet une transformation sur le plan de sa signification. Elle reflète les tentatives du gouvernement fédéral actuel de créer une société canadienne plus militarisée, au sein de laquelle les valeurs économiques et sociales de la nouvelle droite sont privilégiées.

Nous, auteurs du présent guide, ne partageons pas cette vision du passé, du présent et de l'avenir potentiel du pays. Nous souhaitons un Canada qui offre une citoyenneté d'un type plus équitable, une citoyenneté qui met notamment l'accent sur la contribution canadienne et québécoise en matière de solidarité sociale ainsi que sur l'incontournable coopération sociale nécessaire à la réalisation d'une société canadienne plus juste, solidaire et active. Si certains d'entre nous s'interrogent sur la pertinence de frontières et de lois nationales qui excluent certaines personnes de la citoyenneté, nous nous inscrivons tous en faux contre le Canada que le Parti conservateur, Stephen Harper et son gouvernement façonnent.

La politique
de la citoyenneté

Pour formuler leurs revendications essentielles, les citoyens ont droit de faire appel au gouvernement, qui a la responsabilité d'agir en fonction du bien de tous et de chacun. Pendant une grande partie de l'histoire canadienne, les habitants du pays sont des sujets français ou britanniques plutôt que des citoyens canadiens. Si la *Loi sur la citoyenneté* de 1947 fait de la « citoyenneté canadienne » une catégorie juridique, elle reprend toutefois des aspects franchement racistes de la politique canadienne en matière d'immigration alors en cours. La citoyenneté n'est pas et ne sera pas ouverte à tous. Jusque dans les années 1960, la politique d'immigration canadienne favorise explicitement les personnes originaires d'Europe et, encore aujourd'hui, privilégie les immigrants nantis et possédant certains types de formations et de compétences. Par ailleurs, de plus en plus de gens sont privés des protections que confère la citoyenneté. Le Canada compterait un demi-million de travailleurs en situation irrégulière. Des centaines de milliers de personnes, pour la plupart des travailleurs domestiques ou agricoles originaires de pays de l'hémisphère Sud, entrent donc au Canada grâce à des programmes fédéraux qui nient leurs droits fondamentaux de citoyens.

Les droits liés à la citoyenneté

L'État canadien considère aujourd'hui que les droits individuels, c'est-à-dire les droits civils et politiques, confèrent aux citoyens qui en bénéficient un certain nombre de responsabilités envers lui. L'histoire révèle également que si le Canada est aujourd'hui un État de droit, c'est surtout grâce aux luttes citoyennes qui se sont succédé depuis le XIXᵉ siècle. À côté des droits individuels, notre culture du droit, façonnée par ces luttes, englobe de nombreux droits collectifs (droits sociaux, économiques, culturels, linguistiques, judiciaires, politiques, religieux, environnementaux et à l'égalité) et renvoie aux devoirs des citoyens à l'égard de leur collectivité.

Les droits de la personne sont reconnus dans la législation canadienne à travers les lois adoptées par le Parlement et les assemblées législatives provinciales ainsi que par l'entremise de la *common law* d'inspiration anglaise et le droit civil d'inspiration française. Au Québec, la *Charte des droits et libertés de la personne*, adoptée en 1975, est un document « quasi constitutionnel », dans la mesure où c'est la norme fondamentale de l'ordre juridique québécois. Comme les travaux du juriste québécois Pierre Bosset l'ont souligné, la Charte québécoise se distingue de tous les autres textes législatifs nord-américains en ce qu'il est le seul qui considère les droits économiques et sociaux comme droits de la personne à part entière.

Pendant de nombreuses années, les gouvernements canadiens refusent de reconnaître le droit international en matière de droit de l'homme. Le Canada va même jusqu'à rejeter initialement la *Déclaration universelle des droits de l'homme* et, pendant trois ans, refuse d'appuyer la *Déclaration des Nations Unies sur les droits des peuples autochtones*. Malgré l'opposition de l'État, les mouvements sociaux et la communauté juridique canadienne cherchent dans le droit international une source d'inspiration en matière de droits de la personne. Les Cris du Québec interpellent ainsi la communauté internationale au début des années 1990 afin d'obtenir des appuis à leur opposition à la réalisation du projet hydro-électrique Grande-Baleine, qui détruirait selon eux leur territoire traditionnel de chasse et de pêche et, conséquemment, brimerait leurs droits ancestraux, environnementaux et sociaux.

Libertés fondamentales

Lorsque les colons anglais conquièrent l'Amérique du Nord britannique, ils apportent avec eux une tradition de droits individuels dont le principe avait été inscrit dans la loi dès 1215, avec la *Magna Carta*. L'*Acte de l'Amérique du Nord britannique* (1867) reconnaît quant à lui les droits des catholiques et des protestants, mais exclut les Premières Nations, à qui la *Loi sur les Indiens* dénie certains droits les plus fondamentaux. Dans le même ordre d'idées, les droits de la citoyenneté, dont le droit de vote et celui d'occuper une charge publique, sont refusés aux femmes et aux membres de la plupart des minorités, dans certains cas jusqu'au milieu du XXe siècle. À compter de 1977, des lois antidiscriminatoires sont votées à travers le Canada et, en 1982, les droits de la personne sont inscrits dans la constitution avec la *Charte canadienne des droits et libertés*.

Si les colons bénéficient de certaines libertés fondamentales, ce n'est que récemment que les citoyens canadiens en jouissent tous de façon égale : liberté de conscience et de religion; liberté de pensée, de croyance, d'opinion et d'expression, y compris les libertés de parole et de la presse; liberté de réunion pacifique; liberté d'association. L'*Habeas corpus*, qui vise à empêcher l'emprisonnement arbitraire, est également fondamental en matière de droits de la personne.

Les droits sociaux, économiques, linguistiques, religieux et environnementaux sont également des droits fondamentaux de la personne. Les citoyens canadiens ont ainsi droit de former des syndicats et de s'y affilier, d'avoir accès à des soins médicaux appropriés (y compris l'avortement et les médicaments sur ordonnance). Ils ont également droit à une éducation abordable, au respect de la vie privée (particulièrement de la part de l'État et des sociétés d'État) ainsi qu'au bénéfice d'un filet social en cas de chômage, de maladie et de vieillesse. Tous les Canadiens ont droit au travail, à l'instruction et à un niveau de vie décent. En matière de droits collectifs, mentionnons à titre d'exemple que les droits linguistiques et culturels des Autochtones, des Québécois et des minorités de langues officielles au Canada sont également protégés.

Au Canada, hommes et femmes sont égaux devant la loi. La loi canadienne reconnaît aussi que les femmes n'ont pas toujours joui de droits égaux à ceux des hommes et qu'elles font encore aujourd'hui l'objet de discrimination dans leurs milieux du travail et dans la société de façon générale. De nombreuses institutions du pays se sont dotées de politiques d'équité en matière d'emploi afin d'assurer l'égalité d'accès aux femmes. Ces politiques n'ont pas pour objectif de privilégier les femmes; elles reconnaissent plutôt les pratiques discriminatoires et corrigent les effets de la discrimination passée et présente.

Tous les droits qui précèdent sont constamment menacés et la meilleure protection contre les abus de pouvoir de l'État est une population informée, éduquée et mobilisée. La *Charte canadienne des droits et libertés*, la *Charte québécoise des droits et libertés de la personne* ainsi que plusieurs lois et les codes provinciaux et fédéraux garantissent à chaque citoyen des droits fondamentaux, dont les plus importants sont les suivants :

Droit à la vie, à la liberté et à la sécurité de la personne

L'intégrité physique et la sécurité de la personne sont protégées de toute interférence de l'État qui violerait les « principes de justice fondamentale ». Cet article de la Charte sert à protéger le droit à l'application régulière de la loi. Dans les enquêtes et les procès criminels, la poursuite doit divulguer à la personne accusée la preuve qui pèse contre elle. Les tribunaux ont aussi statué qu'il est interdit de déporter des demandeurs du statut de réfugié s'ils font face à des menaces imminentes en cas de retour dans leur pays d'origine. Les criminels ne peuvent pas être extradés s'ils encourent la peine de mort.

Droits des peuples autochtones

Les droits garantis dans la Charte ne doivent en aucun cas porter atteinte aux droits et libertés des peuples autochtones, qu'ils soient issus ou non de traités. Les peuples autochtones revendiquent le droit à l'autonomie gouvernementale, au contrôle de leurs terres ancestrales ainsi qu'à la préservation de leurs cultures et de leurs identités. En 1996, la commission Érasmus-Dussault (Commission royale sur les Peuples autochtones) recommande, dans un vibrant plaidoyer, la création de structures conférant aux autochtones une véritable autonomie gouvernementale, mais cette recommandation est complètement ignorée par l'État canadien. En fait, de grands pans des droits acquis par les Autochtones sont bien plus le résultat de jugements favorables obtenus de différentes cours et découlant de longues batailles juridiques que d'une réelle volonté politique de l'État de reconnaître leurs droits.

Liberté de circulation et d'établissement

Les Canadiens ont droit de vivre et de travailler partout au Canada, d'y entrer et d'en sortir librement et de demander un passeport. Les citoyens canadiens ne devraient pas être expulsés du pays ou voir leur citoyenneté révoquée.

Droits à l'égalité

Tous les Canadiens ont, sans exception, droit à la même protection contre toute discrimination ainsi qu'à des accommodements raisonnables de la part des employeurs, propriétaires et fournisseurs de services pour assurer l'exercice de leurs droits. Ces droits couvrent, entre autres, l'orientation sexuelle, les déficiences mentales ou physiques, la race, l'origine ethnique, la religion, le sexe et l'âge.

Les droits linguistiques

Le français et l'anglais ont un statut égal dans les institutions parlementaires et le gouvernement canadiens. Les droits linguistiques constituent une liberté fondamentale au Canada. Les citoyens canadiens ont droit à une instruction en anglais ou en français, peu importe leur lieu de résidence. Le français est la langue officielle du Québec. En 1977, la *Charte de la langue française* (loi 101) est adoptée pour protéger le français dans quatre secteurs clés : langue de l'affichage commercial, langue du travail, langue d'enseignement et langue de la législation et de la justice. Plusieurs articles de la loi 101 affirmant l'exclusivité du français sont considérés comme anticonstitutionnels par la Cour suprême du Canada en vertu de la *Loi constitutionnelle de 1867* et de la *Charte canadienne des droits et libertés*. Au XXe siècle, les « querelles linguistiques » dominent souvent les débats sociaux au Québec et par extension au Canada. Les débats soulevés par les droits linguistiques sont à certains moments si importants qu'ils remettent en question la paix sociale au Québec. Même si les questions qu'ils suscitent étaient plus à l'avant-scène au XXe siècle, celles-ci demeurent toujours d'actualité : comment garantir les droits d'une minorité nationale tout en préservant ceux des individus? Comment un État de droit et libéral peut-il assurer la pérennité de la langue d'une minorité nationale? Une société peut-elle protéger des droits collectifs tout en étant juste et libérale?

Qui sommes-nous?

L e Canada, comme tous les pays, est une construction, le produit de l'imaginaire collectif et de l'histoire des personnes et des nations qui le composent.

Peuples autochtones

L'État-nation du Canada est imposé à plusieurs Premières Nations, trop souvent contre leur gré. Les peuples autochtones vivent sur les territoires qui forment aujourd'hui le Canada depuis des dizaines de

milliers d'années, c'est-à-dire bien avant l'arrivée des Européens. Depuis sa fondation, l'État canadien est au mieux ambivalent, au pire ouvertement hostile à l'égard des Premières Nations. Il est déterminé à contester systématiquement leurs revendications en matière de terres et de ressources.

Wampum

Le Canada s'est donc érigé sur les terres des Premières Nations. Il en tire d'ailleurs une grande partie de sa richesse, et ce, sans n'avoir jamais obtenu le consentement des Autochtones. Les réserves, créées pour écarter les Autochtones de l'exploitation du territoire, sont désespérément petites et ne représentent qu'une infime partie des territoires traditionnels qui leur permettent d'assurer leur survie.

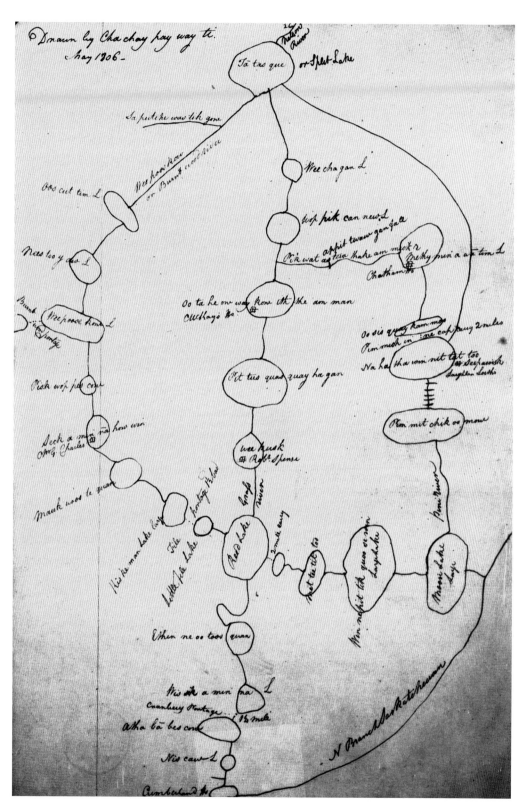

Carte de Cha Chay Pay Way Ti représentant les cours d'eau d'une partie du nord
du Manitoba, 1806

L'État canadien définit les membres des Premières Nations comme des « Indiens ». Dès le XIXᵉ siècle, il adopte des lois, telle la *Loi sur les Indiens* (1876), qui définissent le statut d'« Indien », dictent leurs choix en matière de mariage et de lieu d'habitation tout en leur déniant le droit de posséder des terres, de voter ou encore de devenir membre d'une profession. À l'ouest des Grands Lacs, des gens d'ascendance européenne et autochtone créent au XIXᵉ siècle leur propre société métisse. En guise de réponse, le gouvernement canadien envoie l'armée à deux reprises pour écraser leur mouvement. Au XXᵉ siècle, il force des Inuits à quitter leur territoire pour s'installer dans des villages, souvent situés beaucoup plus au nord de l'endroit où ils vivaient traditionnellement; beaucoup y meurent de faim. Aujourd'hui, les Inuits exercent un contrôle juridictionnel sur leur propre territoire, le Nunavut, et tâchent de réparer les dégâts causés par le Canada.

Les colons

À partir des années 1600, de nouveaux arrivants s'établissent de façon permanente en Nouvelle-France. Pour les personnes issues des classes pauvres de France et, plus tard, de Grande-Bretagne, s'y installer peut constituer une occasion d'améliorer leurs conditions de vie, mais aussi les placer en conflit direct avec les membres des Premières Nations, qui savent que ce territoire est le leur.

À partir du XIXᵉ siècle, de nombreux colons viennent dans l'espoir de vivre de l'agriculture, mais ne trouvent pas de terres abordables et travaillent plutôt comme salariés dans l'économie industrielle qui émerge à partir des années 1820. Ils bâtissent canaux et chemins de fer, sont embauchés dans des mines et des camps de bûcherons isolés ou encore dans les usines de Montréal et, plus tard, de Toronto. On accorde aux divers groupes de colons des droits, des ressources et des témoignages de respect différents, non seulement parce que la loi ne confère pas un statut identique à tous ces groupes, mais également parce que certains d'entre eux font l'objet d'un racisme informel. Ainsi, les Juifs, venus en grand nombre au début du XXe siècle, notamment à Montréal, doivent affronter un fort sentiment antisémite chez la population canadienne. Il leur est difficile de trouver un emploi. Les portes de certaines industries et de firmes d'avocats ou d'ingénieurs leur sont fermées alors que des postes dans les hôpitaux et les écoles leur sont refusés. De même, les Chinois doivent payer une taxe pour entrer au pays entre 1885 et 1923; on leur interdit ensuite pratiquement d'immigrer, et ce, jusqu'en 1947. De la même façon, des accords négociés entre le Japon et le Canada, à la demande de la Colombie-Britannique (1907 et 1928), restreignent l'entrée des ressortissants japonais dans tout le pays. Malgré l'accueil plutôt hostile que ces personnes reçoivent, elles établissent des flottes de pêche, des fermes, des commerces et des scieries prospères.

L'histoire du Canada

Quand les peuples autochtones rencontrent les premiers colons au XVIe siècle, ils ont déjà l'habitude de traiter avec d'autres nations. Très dispersés sur le territoire qui deviendra le Canada et parlant plus de 100 langues différentes, ils entretiennent déjà entre eux des relations soutenues et entrent parfois en conflit. Ce sont des sociétés dynamiques, ouvertes aux possibilités d'échange et aux idées nouvelles. Ils tirent profit de ces expériences quand les Européens commencent à explorer leurs territoires, à y faire du commerce, y travailler et s'y installer. La Nouvelle-France est alors immense et sa population, peu nombreuse. C'est grâce aux alliances économiques et militaires tissées avec les différents peuples autochtones que les Français assurent la survie de la colonie.

Rappelons qu'au départ, les Européens qui viennent au Canada sont surtout des pêcheurs et des chasseurs de phoques de Normandie, de Bretagne et du Pays basque. Ils s'installent le plus souvent sur l'île de Terre-Neuve ou sur les rives du Saint-Laurent, passant la plus grande partie de leurs étés sur la terre ferme, attirant ainsi l'attention des Mi'kmaq, des Malécites et des Abénaquis. Ils comprennent rapidement que les membres des Premières

Portrait d'une femme haïtienne, François Malépart de Beaucourt, 1786

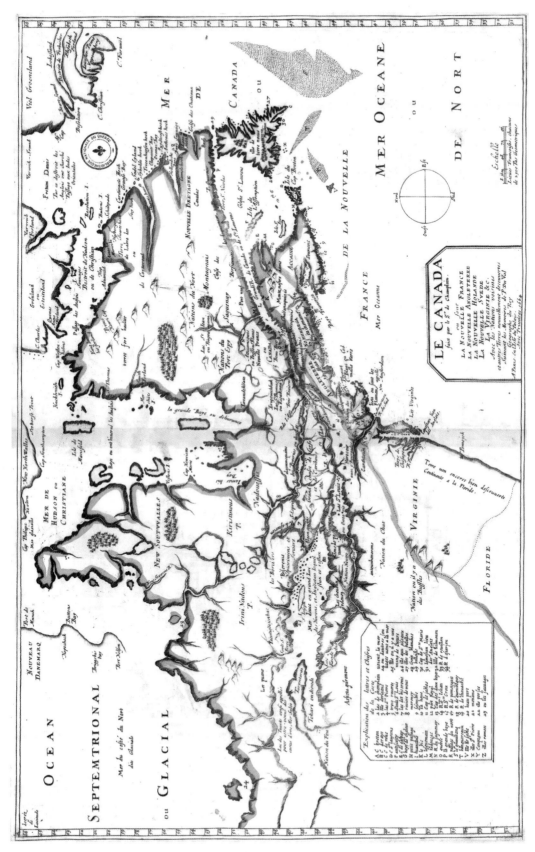

Le Canada, Pierre Du Val, 1653

Nations sont de fervents commerçants, désireux d'échanger leurs précieuses pelleteries contre des objets de commerce européens, particulièrement des articles en métal. Ce commerce à petite échelle est le fondement de la place du Canada dans une économie mondiale alors en émergence; vers la fin du XVIe siècle, de riches Européens voient dans la partie septentrionale de l'Amérique du Nord une source potentielle de richesse, de pouvoir et de prestige et veulent y prendre pied de manière permanente.

Empêtrés dans l'empire

Bien que peu de personnes voient aujourd'hui le Canada comme un pays né d'un empire commercial, c'est bel et bien le cas et cet héritage laisse aujourd'hui des traces durables. En Europe, les empires français, anglais, espagnol, portugais et hollandais du XVIe siècle luttent pour asseoir leur domination sur le monde. Les colonies d'outre-mer, croient-ils, leur fournissent un avantage politique certain sur les autres empires. Les régimes monarchiques européens sollicitent souvent des entreprises privées ou des mandataires pour administrer leurs colonies et protéger leurs intérêts et leurs ambitions. En France, le cardinal de Richelieu établit la Compagnie des Cent-Associés en 1627. Il lui confie le monopole de l'exploration et de l'exploitation des richesses de la Nouvelle-France, en échange de son engagement à soutenir et faciliter le travail des missionnaires, qui viennent convertir les Autochtones au catholicisme et promouvoir l'établissement de colons. L'entreprise a cependant peu de succès.

En 1663, Louis XIV révoque les privilèges de la Compagnie des Cent-Associés et place la Nouvelle-France sous sa gouverne, insufflant une nouvelle énergie à la construction de son empire. Le

Le village de Lachine entouré d'une palissade, 1689, Walter Baker

roi cherche alors à diversifier l'économie de la Nouvelle-France, à promouvoir son autosuffisance et à encourager la croissance de sa population. Les Français élargissent leur territoire à l'ouest et au sud grâce à des alliances avec les Premières Nations, qui leur transmettent leurs savoirs et dont ils adoptent les usages diplomatiques, comme en témoignent les rencontres lors de la foire annuelle de la fourrure de Montréal et les interactions que suscite la traite des fourrures.

Chaos et guerre

L'histoire des premières colonies du Canada est caractérisée par les conflits et le chaos. Les armes à feu européennes, introduites au XVIIᵉ siècle, rendent les combats beaucoup plus meurtriers.

À l'est des Grands Lacs, les Premières Nations, alliées à l'une ou l'autre des puissances européennes, combattent d'autres peuples autochtones. La France envoie des milliers de soldats pour protéger la Nouvelle-France et encourage l'immigration de femmes appelées « Filles du Roy ». La généalogie de nombreux Québécois remonte à ces premiers colons. La Nouvelle-France est alors une société agricole, structurée selon le système seigneurial, une organisation hiérarchique et semi-féodale qui place les paysans et les habitants sous l'autorité de grands propriétaires terriens. C'est également une société esclavagiste. Posséder un esclave en Nouvelle-France peut être perçu comme signe de réussite sociale au sein l'élite coloniale, c'est pourquoi de nombreux esclaves d'origine africaine et autochtone composent le personnel domestique de cette dernière.

La prise de contrôle de la Nouvelle-France par le roi n'apporte pas la paix à la région. Au contraire, le siècle qui s'écoule de la fin des années 1600 à la fin des années 1700 est marqué par des conflits quasi permanents entre la France et l'Angleterre, qui s'affrontent notamment en sol nord-américain avec leurs alliés autochtones. Pour les soldats comme pour les civils, cette guerre est synonyme de torture, de captivité, de destruction de maisons, de cultures et de communautés. La *Grande Paix de Montréal* (1701) met fin aux hostilités entre les peuples autochtones et les Français, tandis que la paix entre les Anglais et les Français est formellement conclue lors de la ratification du *Traité d'Utrecht* (1713). Par cet accord, la France cède à l'Angleterre une partie de l'Acadie, prospère colonie agricole située dans le Canada atlantique actuel. Malgré les traités, les escarmouches se poursuivent au cours des années 1720 et la guerre éclate à nouveau dans les années 1740. Entre 1755 et 1759, plus de 10 000 Acadiens, pour la plupart francophones et catholiques romains, sont chassés de leurs terres et déportés vers les colonies britanniques du sud, où ils vivent comme des réfugiés indésirables et dépossédés. À l'instar des Premières Nations, les Acadiens paient à prix fort le rôle du Canada dans la politique internationale de l'Empire.

La défaite militaire de la Nouvelle-France en 1760 représente le point culminant de cent ans de guerres impériales. L'Angleterre prend alors le contrôle du Canada français, mais les Britanniques peinent à administrer une colonie dont la population est largement francophone et catholique romaine. Les tentatives initiales d'assimilation brutale échouent, et la Grande-Bretagne est forcée d'accommoder les habitants de la vallée du Saint-Laurent. En 1774, la perspective d'une guerre avec les Treize colonies incite les Britanniques à consentir à certaines demandes des colons français et à entériner l'*Acte de Québec*. Ce dernier permet l'usage du droit civil français et donne le droit aux catholiques de pratiquer leur religion et d'occuper une charge publique. Il n'autorise toutefois pas la création d'une assemblée élue. Pendant ce temps, les politiques colonialistes de Londres en matière de gouvernance ouvrent la voie à la guerre de l'Indépendance américaine, qui éclate deux ans plus tard et se conclut sur la victoire des colons. Celles et ceux qui restent loyaux à la Grande-Bretagne, désormais réfugiés, sont forcés de quitter maisons, propriétés et communautés. Ils migrent vers le nord et s'installent sur le territoire de ce qui deviendra le Canada.

Incendie du Parlement à Montréal, Joseph Légaré, v. 1849

Gouvernement inefficace, régimes répressifs et visions alternatives

Au début des années 1800, une nouvelle vision du Canada anglais émerge, fondée sur l'affirmation d'une distanciation claire de la société républicaine et esclavagiste existant au sud. Précisons toutefois que l'esclavage n'est aboli officiellement qu'en 1834 au Canada, au moment où il devient illégal dans l'Empire britannique. Dès lors, le territoire canadien devient un refuge pour les Afro-Américains fuyant leurs conditions. La ségrégation scolaire, l'isolement, les préjugés et les maigres perspectives d'emploi qu'ils y trouvent révèlent cependant que le racisme ne disparaît pas avec l'esclavage.

L'idée d'un Canada différent justifie une forme de démocratie et d'autonomie gouvernementale très limitée. Dans les colonies britanniques, les instances dirigeantes sont nommées et non élues. Les adultes propriétaires peuvent voter pour élire l'assemblée, mais le Conseil législatif et le gouverneur nommés ont droit de veto sur toute loi adoptée par l'assemblée. Au Bas-Canada, les femmes propriétaires, veuves ou célibataires, ont droit de vote, jusqu'à ce qu'elles en soient privées en 1849. Partout en Amérique du Nord britannique, la politique est d'abord l'affaire des nantis. Comme les élus ne sont pas rémunérés, seuls les gens à l'abri du besoin peuvent espérer être candidats aux élections. Les hommes nommés au Conseil législatif se servent de leur position d'autorité pour accroître leur richesse personnelle.

Vue arrière de l'église Saint-Eustache et dispersion des insurgés, lord Charles Beauclerk, 1840

En 1837 et 1838, des gens du Bas et du Haut-Canada répondent à ces inégalités politiques et sociales par une rébellion armée. Ces insurrections de prime abord locales s'inscrivent dans un contexte international qui remet en question la relation des gens avec leur gouvernement. Au Bas-Canada, les contestataires, menés par Louis-Joseph Papineau, proposent une vision renouvelée d'un Canada démocratique et francophone. Le gouvernement colonial britannique répond aux insurrections des Patriotes par une répression impitoyable, certains insurgés étant pendus, d'autres déportés vers l'Australie. Lord Durham, dépêché pour évaluer la situation, rejette la responsabilité des troubles sur les Canadiens français, dont il recommande l'assimilation. À sa suggestion,

Annonce aux émigrants désireux de partir pour l'Amérique du Nord. Pour Sydney, Cap-Breton et Pictou, en Nouvelle-Écosse, et le Québec, 15 juillet 1845

les Britanniques forcent la réunion du Haut et du Bas-Canada sous un gouvernement unique, dans l'espoir que la culture et les intérêts des francophones se diluent dans une mer d'institutions et d'établissements anglais. Durham recommande cependant aussi que les leaders gouvernementaux soient élus et redevables à l'assemblée élue, et non au gouverneur britannique. La démocratie pointe à l'horizon, mais est encore loin d'être une réalité.

Dans cet environnement de conflits, d'exploitation et de guerres, ce sont des personnes ordinaires, Autochtones ou colons, hommes ou femmes, qui façonnent la longue histoire du Canada, au même titre que ses dirigeants politiques; de pauvres jeunes veuves, comme Françoise Brunet, venue en Nouvelle-France comme Fille du Roy en 1663, qui sont les ancêtres de plusieurs familles canadiennes; des travailleurs irlandais, comme Thomas Connolly, qui contribuent, au péril de leur vie, à la construction du pont Victoria, du canal Lachine et permettent ainsi le développement économique du Canada; des leaders, comme le chef sénéca Tekanoet, qui se rendent à Montréal en 1701 pour négocier une paix durable; des hommes, comme Samuel Lount, qui perdent la vie pour la démocratie lors des rébellions de 1837–1838; des esclaves, comme Chloe Cooley, dont les protestations mènent à terme l'interdiction de l'esclavage au Haut-Canada.

De colonie à colonisateur : la Confédération

En 1867, quatre colonies, le Nouveau-Brunswick, la Nouvelle-Écosse et les Canadas (c'est-à-dire le sud de l'Ontario et du Québec actuels) s'allient pour former le *Dominion* autogéré du Canada. La Confédération n'est pas le résultat de l'émergence d'un sentiment patriotique, mais plutôt celui d'un travail acharné, marqué par des négociations et des compromis qui ont d'ailleurs failli échouer. En effet, de nombreux « pères » de la Confédération suggèrent par exemple quelques années auparavant de se joindre aux États-Unis. Les dirigeants de la Nouvelle-Écosse et de l'Île-du-Prince-Édouard sont profondément divisés alors que Terre-Neuve ne se rallie à la Confédération qu'en 1949. Les colons de la Colombie-Britannique, qui ne forment qu'une petite partie de la population du territoire, ne s'entendent pas : certains veulent joindre les États-Unis, d'autres désirent demeurer une colonie britannique, et d'autres enfin optent pour le Canada. Par ailleurs, le Québec joint la confédération avec beaucoup moins d'enthousiasme que l'Ontario.

La Confédération marque la fin de l'histoire du Canada en tant que colonie britannique, mais inaugure également une tradition colonisatrice. De nouvelles lois déterminent qui est « Indien » et qui ne l'est pas, réduisant au passage les droits de ceux qui le sont. Les femmes autochtones qui marient des « non-Indiens » perdent leur statut d'Indiennes et doivent quitter maisons et communautés.

Intérieur d'un atelier, John Henry Walker, 1850-1885

Afin de libérer les territoires de l'Ouest où vivent Métis et Premières Nations, le gouvernement fédéral négocie le premier de nombreux traités (1871) et met en place des politiques de confinement dans des réserves et de création de pensionnats.

La majorité de la population n'a aucune influence sur le gouvernement et sur les lois du nouveau pays. La Confédération n'est sanctionnée par aucun un vote populaire et, même s'il y en avait eu un, la plupart des habitants du Canada n'auraient pas eu droit de vote. Les femmes, les personnes de moins de 21 ans et les non-propriétaires n'ont en effet aucune voix politique formelle. De même, les immigrants ne peuvent voter que s'ils viennent d'autres régions de l'Empire britannique, alors que les membres des Premières Nations n'ont presque jamais le droit de vote, tout comme les Canadiens d'origine asiatique habitant sur la côte Ouest.

Louis Riel, Montréal, Québec, 1868

Les Premières Nations et les Métis qui vivent dans ce qui forme maintenant le Manitoba, la Saskatchewan et l'Alberta expérimentent la puissance implacable du nouveau pays. En 1869, le Canada achète le territoire à la Compagnie de la Baie d'Hudson, dans ce qui n'est rien d'autre qu'une transaction immobilière. Les Métis, menés par Louis Riel, rejettent ce plan et créent leur propre gouvernement afin de négocier les droits et garanties obtenus par les autres régions canadiennes, ainsi que la reconnaissance de leurs droits territoriaux, linguistiques et religieux. Une partie significative de ces droits leur est octroyée, mais le Canada ne tient pas certaines de ses promesses les plus importantes. En effet, plusieurs Métis ne reçoivent jamais les terres qui leur ont été promises au Manitoba.

Cimetière autochtone, Lebret, Saskatchewan, 1885

En 1885, toujours représentés par Riel, ils se battent pour protéger leurs droits, comme ils l'avaient fait quinze ans auparavant. Cette fois, le premier ministre John A. Macdonald ne négocie pas. Il fait appel à l'armée pour écraser la résistance avec artillerie, mitrailleuses et infanterie. Louis Riel et huit chefs autochtones sont pendus, d'autres sont emprisonnés.

Cet événement marque le début d'une période terrible pour les peuples autochtones de l'Ouest. Forcés de s'installer dans des réserves trop petites, ils reçoivent une aide insuffisante, leurs enfants sont envoyés dans des pensionnats et leurs cérémonies spirituelles traditionnelles sont interdites.

Articulée autour de l'idée d'un Canada « blanc » et d'une organisation sociale et juridique patriarcale, la nouvelle nation se construit sur l'inégalité. Les femmes mariées ne peuvent ni être propriétaires, ni administrer leurs propres revenus. Elles n'obtiennent le droit de vote aux élections fédérales qu'en 1918, et plusieurs d'entre elles attendent même plus longtemps avant d'acquérir ce droit fondamental. Les Canadiens d'origine chinoise, indienne et japonaise n'obtiennent le droit de vote qu'en 1947, les Inuits en 1950, et les membres des Premières Nations vivant dans les réserves doivent attendre jusqu'en 1960. Les personnes originaires de Chine, du Japon, de l'Inde et les Afro-Américains sont toutes en butte à des mesures juridiques et extrajuridiques visant à limiter leur immigration au pays et maintenir un Canada « blanc ». En 1908, le gouvernement exige que les immigrants potentiels arrivent directement au Canada depuis leur pays d'origine, après un voyage sans escale. Voilà une tentative mal déguisée d'endiguer l'immigration indienne. En 1914, quelque 375 Indiens (sikhs, hindous et musulmans) tentent de contourner ce règlement en affrétant le *Komagata Maru,* qui les mène de Hong Kong à Vancouver. Le gouvernement refuse de laisser le bateau accoster et confine les passagers à bord pendant plusieurs semaines. Ils sont forcés de retourner en Inde.

L'idée d'un Canada « blanc » sert bien le capitalisme industriel. Les bâtisseurs de l'empire canadien veulent une main-d'œuvre bon marché et le gouvernement canadien se met à leur service : il adapte

Pique-nique des mères, parc Stanley, Vancouver, 1935

les politiques d'immigration pour satisfaire leurs besoins et soutient les magnats de l'industrie dans leurs tentatives de maintenir les salaires bas en affaiblissant les syndicats ou en les chassant carrément des lieux de travail. Les employeurs tirent également avantage du racisme répandu chez les Canadiens « blancs ». En entretenant les tensions ethniques, ils peuvent mieux diviser les travailleurs. Les femmes gagnant souvent moins de la moitié du salaire des hommes, le sexisme permet d'arriver aux mêmes fins, c'est-à-dire à faire obstacle à la solidarité entre employés féminins et masculins. Les employeurs recourent également à la technologie pour réduire le nombre d'employés, se débarrassent des « fauteurs de trouble » et s'opposent à des lois encadrant plus fortement le monde du travail, telles que celles sur le salaire minimum, sur la réduction du temps de travail, sur les normes de sécurité et sur l'interdiction du travail des enfants. Ces derniers sont embauchés aussi jeunes qu'à 10 ans. Au Canada, la loi n'interdit le travail salarié pour les filles de 14 ans et les garçons 12 ans et moins qu'en 1884 (en Ontario). Malgré la loi, les enfants travaillent fréquemment à la ferme. Les parents des familles ouvrières, souvent incapables de subvenir à leurs besoins, doivent compter sur le salaire de leurs enfants et sont ainsi déchirés entre des besoins pressants et leur désir de les faire instruire. Des lois sur la fréquentation scolaire obligatoire sont adoptées progressivement dans chaque province, mais il faut attendre 1943 au Québec.

Les périodes de crise économique, comme celle des années trente, au cours de laquelle les conditions de travail se détériorent, les salaires baissent et le taux de chômage atteint des sommets à près de 30 %, accroissent le sentiment d'hostilité des Canadiens envers les immigrants. Arrivés massivement à la fin des années

20, alors que l'économie canadienne connaît un boom, les jeunes hommes immigrants et les célibataires sont parmi les premiers travailleurs touchés par la crise et le chômage. Parce qu'ils ne remplissent pas les conditions de résidence (généralement 5 ans), ou parce qu'ils ne sont pas chefs de famille, ils n'ont pas accès à l'aide gouvernementale. Face à la grogne générale, le gouvernement canadien renforce les dispositions de la loi de l'immigration et déporte plus de 30 000 immigrants, le plus souvent sous prétexte qu'ils constituent « une charge publique ». Il met également en place des camps de travail (1932-1935) pour les célibataires au chômage; plus de 170 000 hommes y sont envoyés.

Des femmes et des hommes se battent pendant ce temps pour de meilleures conditions de travail. Nombreux sont arrêtés, emprisonnés et déportés ; certains sont même assassinés. Les travailleurs fondent des syndicats et déclenchent des grèves. Ainsi en est-il de la grève des mineurs de la Nouvelle-Écosse en 1909–1910, de la grève générale à Winnipeg en 1919, de la marche des chômeurs célibataires à Ottawa en 1935, de la grève des ouvrières montréalaises de la robe en 1937, où plus de 4000 femmes descendent dans la rue, et de la grève d'Asbestos en 1949. La grève dans le secteur automobile à Windsor en 1945 a quant à elle un impact majeur sur les relations de travail au Canada. Le juge Ivan Rand, alors médiateur du conflit, impose à l'employeur le prélèvement à la source des cotisations syndicales (formule Rand), une pratique qui est par la suite entérinée par la loi. Aujourd'hui, la formule Rand est incluse dans les dispositions du *Code du travail* du Québec et de plusieurs provinces.

Les lois limitant le nombre d'heures de travail et fixant des salaires minimum résultent aussi du militantisme ouvrier. Les

Dépôt par la Ligue pour l'égalité politique d'une pétition pour l'affranchissement des femmes, Winnipeg, 23 décembre 1915

pressions pour que les gouvernements fédéral et provinciaux prennent en charge les personnes démunies mènent à l'instauration de prestations d'aide pour les aînés et les femmes élevant seules leurs enfants. Des mouvements sociaux se développent, s'organisent et revendiquent une démocratie plus significative. Ceux qui croient au principe de liberté d'expression risquent l'emprisonnement pour gagner le droit de se rassembler et d'émettre publiquement leurs opinions. Les femmes obtiennent le droit de vote grâce à des rassemblements, des manifestations, du lobbying, des décisions des tribunaux ainsi que par le recours à la désobéissance civile.

Guerre et droits civils

La guerre provoque des tensions au sein de la population canadienne. Lors de la Première Guerre mondiale, la question de la conscription divise. Alors que les Canadiens anglais s'enrôlent massivement, une majorité de Canadiens français s'y opposent fermement, refusant de participer à un conflit qui concerne les empires européens. Suite à l'adoption de *La Loi sur le service militaire* en 1917, des manifestations ont lieu un peu partout au Québec, menant même à la mort de quatre Canadiens français lors d'une émeute.

La guerre exacerbe le racisme et la xénophobie, à l'époque comme aujourd'hui. Par *La Loi sur les mesures de guerre*, adoptée en 1914, le gouvernement fédéral limite les libertés des Canadiens et bafoue les droits de sa population lors des deux Guerres mondiales.

Au cours de la Première Guerre (1914–1918), des Canadiens originaires de l'empire austro-hongrois et de l'Allemagne actuelle sont
détenus dans des camps d'internement. Pendant la Seconde (1939–
1945), même leur naissance au Canada ne protège pas les personnes
d'origine japonaise. Les Nippo-Canadiens sont en effet enfermés
dans des camps de travail et leurs maisons et possessions, vendues.
Ils sont confinés dans ces camps jusqu'à la fin de la guerre, puis des
milliers sont déportés au Japon, un pays que plusieurs n'ont jamais
même vu. Beaucoup de Nippo-Canadiens ne reviendront jamais
chez eux en Colombie-Britannique. L'antisémitisme est également
manifeste. Non seulement l'immigration juive est-elle limitée par

Le *Komagata Maru*
dans le port de
Vancouver, juillet
1914

Quelques-uns
des premiers Cris
enrôlés, Le Pas,
Manitoba, 1914

Camp d'internement à Banff, Alberta, vers 1914-1918

les dispositions de la loi de l'immigration, mais, en 1939, les autorités canadiennes refusent l'autorisation au navire *S.S. Saint Louis* d'accoster, l'obligeant à retourner en Eurpope avec les 937 réfugiés juifs qu'il transportait. De tous les pays ayant offert l'asile aux Juifs d'Europe, le Canada en a accueilli le moins grand nombre.

Adieux aux Nippo-Canadiens envoyés dans un camp de travail près de Jasper, en Alberta, février 1942

Le Canada moderne

Le Canada de l'après-guerre est façonné par des réalités multiples : la croissance économique et la guerre froide; la décolonisation mondiale et la résistance des Autochtones; le nationalisme et le régionalisme. Les mouvements sociaux — qui exigent non seulement des droits pour les femmes, les travailleurs et les homosexuels, mais également la fin du racisme, de la guerre et de la dégradation de l'environnement — participent à l'évolution d'un monde en mutation.

Commerce et croissance économique

L'économie canadienne s'inscrit dans un système mondial inégalitaire qui, portant les traces du colonialisme, continue de privilégier les nations industrialisées au détriment des pays du Sud. Pendant l'après-guerre, les nations riches comme le Canada connaissent un boom économique, qui favorise l'émergence d'une société de consommation de masse et permet aux Canadiens d'avoir de meilleures conditions de vie. Cette croissance économique n'est toutefois pas partagée équitablement. Les hommes sont mieux payés que les femmes, et les anglophones gagnent plus que les francophones. Les Canadiens autochtones et les minorités ethniques sont les moins avantagés de tous.

C'est également l'époque où le Canada s'engage dans la guerre froide et où les nations occidentales capitalistes s'allient aux États-Unis contre l'Union soviétique communiste. La guerre froide aura de nombreuses conséquences sur le Canada. Par crainte du communisme, aucune dissidence, même modérée, n'est tolérée. Le conformisme social s'accentue. Les homosexuels, hommes ou femmes, et particulièrement ceux qui travaillent dans la fonction publique et l'armée, sont persécutés, leur vie et leur carrière sont bouleversées, parfois même détruites. Les stratégies qu'ils développent pour vivre leur différence, en dépit de la répression, préfigurent les luttes et revendications des années 1960 et 1970.

Sommet des Amériques, Québec, 2001

Rôles internationaux

Pendant l'après-guerre, de nombreuses colonies obtiennent leur indépendance, mais la décolonisation conduit souvent à de nouveaux liens de sujétion à l'égard des États-Unis ou de l'Union soviétique. Bien que le Canada soutienne la création des Nations Unies (1945) et que plusieurs Canadiens militent pour la paix et contre les armes nucléaires, le Canada reste toujours un membre important

Revendication de Loon Island, près de Cornwall, en Ontario, par des membres de la Société des guerriers mohawks d'Akwesasne, 1970

de l'*Organisation du traité de l'Atlantique Nord* (OTAN). En vertu de cette alliance politico-militaire, le pays soutient les intérêts de ses alliés occidentaux au détriment des besoins des nations en voie de décolonisation. Par ailleurs, le Canada est un joueur important du commerce international des armes. Il fournit par exemple des armes au gouvernement français en lutte contre les peuples d'Afrique du Nord qui veulent l'indépendance. De même, pendant la guerre du Vietnam, l'industrie canadienne produit les armes utilisées par les forces armées états-uniennes. En 1966 et 1967, le gouvernement canadien autorise l'armée états-unienne à tester l'agent Orange, un défoliant, dans une base militaire du Nouveau-Brunswick. En 2004, il participe à la déstabilisation du gouvernement élu de Jean-Bertrand Aristide à Haïti, chassé du pouvoir par un coup d'État. Depuis 2001, le Canada est engagé dans la guerre en Afghanistan, ce qui en fait un allié des États-Unis au Moyen-Orient.

Pendant que le Canada affirme promouvoir la démocratie ailleurs dans le monde, les Autochtones rappellent aux Canadiens

Manifestation contre la guerre, Calgary, 1971

l'héritage et les réalités actuelles du colonialisme : taux de chômage élevés, faibles revenus, logements insalubres et non sécuritaires, surpeuplés et sans eau potable, hauts taux de violence conjugale, de dépendance aux drogues, d'incarcération, de décrochage scolaire et de grossesse en bas âge, taux de suicide et de maladies comme le diabète plus élevés que la moyenne canadienne, etc. Les effets du racisme et de la discrimination sont toujours d'actualité pour les peuples des Premières Nations habitant les réserves. Le sort de la majorité des Autochtones vivant en milieu urbain n'est guère plus reluisant. Ces tristes réalités représentent autant d'obstacles à la capacité des Premières Nations de se prendre en charge.

Une société moderne

Depuis les années 1950, le Canada fait certains progrès en matière d'égalité économique, ethnique et sexuelle et, pendant un temps, l'inégalité entre les classes diminue. Des programmes sociaux comme le régime d'assurance-maladie, les allocations familiales et les prestations de l'État procurent une certaine sécurité économique aux personnes et aux familles. Ces changements ne vont toutefois pas de soi. Ils sont plutôt le produit de luttes durement menées par les mouvements sociaux et leurs alliés politiques. Depuis les années 1940, à la suite des luttes menées par les travailleurs, la loi oblige les employeurs à négocier avec les syndicats. Les travailleurs obtiennent ainsi des augmentations de salaire appréciables, de même que l'introduction de la démocratie en milieu de travail et une sécurité individuelle et collective accrue. Dans les années 1960 et 1970, des femmes mettent en place des organisations féministes qui exigent, entre autres, le droit à la planification des naissances, à l'avortement, à l'équité salariale ainsi qu'à des garderies. Les femmes autochtones s'organisent afin d'améliorer leurs conditions de vie et défendre leurs intérêts; elles fondent plusieurs associations dont la *Equal Rights for Indian Women* (1967) et l'*Association des femmes autochtones du Québec* (1974). On voit également émerger le mouvement environnemental, qui cherche à éveiller les consciences sur les effets souvent destructeurs de l'activité humaine sur la nature, ainsi que le mouvement pour les droits des homosexuels. Les Canadiens « noirs » luttent contre le racisme et travaillent à la promotion de la justice sociale, tant au pays qu'à l'étranger. Notons que

Maison située dans le village de Schefferville, Québec, 1994

pour certains de ces mouvements, la justice sociale ne peut être atteinte qu'au prix d'une restructuration complète de la société, alors que pour d'autres, elle peut être établie avec des réformes et des changements concrets dans le système existant.

Après la Deuxième Guerre mondiale, plusieurs nouveaux arrivants s'installent au Canada. Les lois sur l'immigration pratiquant encore une discrimination ethnique, la grande majorité de ces immigrants sont blancs et pour la plupart Européens. L'antisémitisme, la partialité politique et la discrimination envers les homosexuels définissent également les orientations en matière d'immigration. Au cours des années 1960, le Canada élimine certes les aspects les plus ouvertement racistes de ses lois sur l'immigration, mais des pratiques discriminatoires persistent. Ainsi, les bureaux d'immigration canadiens sont plus nombreux dans les pays riches que dans les pays pauvres et certaines compétences professionnelles sont plus recherchées que d'autres, deux facteurs qui désavantagent grandement les travailleurs des pays du Sud.

Pendant la guerre froide, le Canada accueille de nombreux réfugiés : des dizaines de milliers viennent de Hongrie après le soulèvement de 1956 alors que des milliers de Tchécoslovaques arrivent au pays suite au Printemps de Prague de 1968. Le gouvernement canadien admet les personnes qui fuient les dictatures communistes, mais sa bienveillance ne s'étend pas aux réfugiés des dictatures de droite. En 1973, le Canada réagit lentement et inflexiblement à la situation des réfugiés du coup d'État chilien, que soutenait la CIA. Au cours des années 1970, le gouvernement déporte également de nombreux Haïtiens, qu'on force à vivre sous la dictature de Jean-Claude Duvalier.

Certains des plus grands changements qui caractérisent le Canada de l'après-guerre ont lieu au Québec. La politique québécoise est alors dominée par le premier ministre provincial Maurice Duplessis, qui est soutenu par l'épiscopat catholique romain et les grandes entreprises. Même s'il dirige le Québec d'une main de fer, il n'arrive bientôt plus à étouffer les contestations qui surgissent de toutes parts contre sa vision traditionnelle et autoritaire des

Tournée de la Caravane pour l'avortement, Calgary, Alberta, 1970

rapports sociaux. Des mouvements sociaux, de travailleurs et
d'étudiants, de plus en plus puissants, se forment en même temps
qu'artistes et intellectuels expriment une autre vision de la société.
Le militantisme de la syndicaliste Madeleine Parent, la publication
du manifeste du *Refus Global*, la création de la revue *Cité Libre* et
la persévérance de trois leaders étudiants, qui occupent le bureau
du premier ministre pendant un mois pour réclamer un meilleur
financement des universités, témoignent du profond mécontentement
de plusieurs segments de la population à son égard. Cette
effervescence alimente les grandes transformations sociales, culturelles,
économiques, politiques et idéologiques qui caractérisent
la société québécoise après les années 1960 et qu'on appelle
Révolution tranquille.

En 1971, le gouvernement canadien adopte une politique
de multiculturalisme. La plupart des Canadiens reconnaissent le
multiculturalisme comme une valeur canadienne fondamentale,
même si l'État le prend rarement en compte dans ses politiques.
Trop souvent, les gouvernements cherchent à promouvoir un

Manifestation
étudiante, Montréal,
mai 2012

Réponse au conservatisme canadien **47**

multiculturalisme édulcoré, incapable de fournir des solutions à la marginalisation socio-économique des Néo-Canadiens. Au Québec, on voit la politique du multiculturalisme comme une volonté d'étouffer le nationalisme québécois, de nier les spécificités de la nation québécoise et de faire fi de l'idée des deux peuples fondateurs, largement présente au sein de la société québécoise depuis la fin du XIXe siècle. Elle est donc très mal reçue et suscite de vives oppositions, tant de la part du gouvernement que de la population francophone. En guise de réplique, le Québec développe son propre modèle d'intégration et de gestion de la diversité ethnoculturelle : l'interculturalisme. Tout en tenant compte des intérêts de la majorité québécoise francophone et de son désir d'affirmation et de développement, l'interculturalisme s'articule autour du vivre ensemble en français et mise sur l'intégration des minorités, sur les rapprochements et les interactions interethniques. Dans les faits, l'interculturalisme comporte de nombreuses similarités avec le multiculturalisme, mais le terme est l'occasion pour les Québécois de nommer et de différencier leur projet social et politique du reste du Canada.

En 1982, le Canada instaure la *Charte canadienne des droits et libertés*. Utile pour contester la discrimination et certains types d'inégalités juridiques, elle n'est toutefois pas une panacée. Par exemple, le mariage entre personnes de même sexe ne devient légal au Canada qu'en 2004. Par ailleurs, il arrive que l'égalité juridique formelle ne donne pas toujours les résultats attendus. Selon presque tous les indicateurs sociaux et économiques, la situation des femmes est toujours moins enviable que celle des hommes. Les politiques qui pourraient combler cette inégalité, un programme national de garderies par exemple, ne figurent plus à l'ordre du jour du gouvernement fédéral et seul le Québec offre un programme de service de garde public à tarif réduit. Ajoutons enfin que, selon des études récentes, l'ethnie influe sur la réussite en milieu de travail, peu importe le temps passé en sol canadien, et les personnes issues de l'immigration ont plus de difficultés à trouver

Concert de casseroles, Montréal, mai 2012

un emploi ou sont souvent surqualifiées pour les postes qu'elles occupent. En outre, pour les Autochtones, les promesses d'égalité formelle ont peu de signification quand ils n'ont pas accès à l'eau potable et à l'électricité.

Ces dernières années, les mouvements sociaux apportent au Canada la vision d'une démocratie plus large et inclusive, dans une perspective globale d'égalité. Ces mouvements regroupent des gens de tous les âges et de tous les horizons. C'est le cas notamment des Mémés déchaînées. Inspirées du groupe *The Montreal Raging Grannies*, fondé en 1980, les Mémés déchaînées font preuve d'originalité et de créativité dans leurs actions. Vêtues de costumes extravagants et de chapeaux à fleurs, ces femmes âgées de 60 à 80 ans descendent dans la rue, pancartes à la main, prêtes à défendre la paix, la justice sociale et l'environnement. En 2001, elles font partie des 60 000 personnes qui participent aux importantes manifestations qui ont eu lieu à Québec contre le Sommet des Amériques et son programme néolibéral en faveur de la libéralisation du commerce. Pendant les deux jours que dure la rencontre, l'escouade policière antiémeute lance 5192 bombes lacrymogènes et 903 balles de plastique sur les manifestants, en plus d'utiliser des canons à eau et d'arrêter 463 personnes. Dans le même ordre d'idées, en 2003, des centaines de milliers de protestants dans plusieurs villes canadiennes se joignent aux millions de personnes dans le monde qui dénoncent la guerre imminente en Irak. En 2010, près de 20 000 personnes marchent à Toronto contre les réunions du G20/G8. En 2011, des Canadiens rejoignent le mouvement *Occupy* pour dénoncer le pouvoir d'institutions financières et de gouvernements insensibles à la dure réalité des plus pauvres (les 99 % de la population).

Au printemps 2012, le Québec vit l'un des moments forts de son histoire. Les étudiants québécois votent alors massivement pour une grève générale illimitée afin de protester contre une hausse de 75 % des frais de scolarité imposée par le gouvernement provincial (Parti libéral), amorçant ainsi la grève étudiante la plus longue de l'histoire du Québec et du Canada. De grandes manifestations sont organisées à Montréal et regroupent jusqu'à 350 000 étudiants et citoyens. Toujours à Montréal, cent manifestations nocturnes ont lieu consécutivement et attirent parfois des milliers de personnes. Des manifestations similaires ont également lieu à Sherbrooke et Québec. Plusieurs étudiants sont arrêtés et brutalisés. La population est extrêmement divisée sur la question, certains demandant même au gouvernement de faire appel à l'armée. En guise de réponse aux étudiants, le gouvernement du Québec adopte la loi 78 (Loi 12) qui restreint le droit de manifester et prévoit des amendes considérables à ceux qui entraveraient la tenue des cours, portant ainsi gravement préjudice aux droits et libertés garantis par la *Charte des droits et libertés de la personne*. Les gouvernements du Canada et du Québec rejettent du revers de la main les critiques formulées par l'ONU à l'égard de la loi 78. Dans le but d'exprimer leur opposition à une telle loi, des juristes vêtus de leur toge manifestent dans les rues de Montréal. Indignés, de nombreux étudiants et citoyens, inspirés par le mouvement progressiste des *cacerolazos* chiliens, défient la loi et manifestent leur mécontentement en prenant d'assaut les rues et en frappant sur des casseroles. D'abord montréalais, le mouvement des concerts de casseroles prend de l'ampleur et s'étend à plusieurs régions du Québec et même ailleurs au Canada. Ce mouvement, rapidement surnommé « Printemps érable », s'inscrit dans un phénomène mondial de mobilisation de la jeunesse étudiante luttant ardemment pour une éducation de qualité, accessible à tous.

Derrière la diversité des causes qui animent tous ces mouvements militants se trouve la conviction profonde que l'ordre économique et politique mondial est profondément injuste, qu'il appauvrit arbitrairement les pays du Sud, et que l'établissement d'une vraie démocratie, soutenue par la redistribution des richesses et le renforcement de l'autonomie des communautés locales, est essentiel.

Les arts et la culture au Canada

La culture est politique et vectrice d'identité. Elle peut en ce sens être un mécanisme colonialiste et d'assimilation : c'est ainsi que pour mieux assimiler les Autochtones, des cérémonies comme le potlatch ou la danse du Soleil sont interdites au cours des années 1880. De la même façon, les Canadiens français des provinces de l'Ouest se voient imposer l'obligation de faire éduquer leurs enfants en anglais

Canadian Caribbean Association, section Calgary, Alberta, vers avril et mai 1973

dans les années 1930. Depuis l'instauration d'une politique du multiculturalisme (1971) prônant l'image d'une mosaïque canadienne, les arts et la culture sont vus comme de rares espaces acceptables qui permettent aux différentes populations de pratiquer « leurs » cultures; le Folklorama de Winnipeg ou le défilé annuel Caribana de Toronto en sont de beaux exemples. Selon les critiques du multiculturalisme, la diversité est ainsi contenue, voire figée, d'une façon stéréotypée et gentiment présentée pour charmer et divertir le grand public. Elle devient pour certains un objet de consommation récupéré à des fins mercantiles. Pour d'autres, cependant, ces événements, organismes et pratiques culturels et artistiques fournissent une façon viable de protéger des identités et des manières de faire différentes.

On trouve dans la littérature d'éloquents exemples de visions différentes de ce qu'est le Canada et de ce qu'il pourrait être. Dans les années 1960, le Québec vit une renaissance culturelle, alors qu'émergent de nouveaux genres de romans, de pièces de théâtre et de films. La pièce *Les Belles-sœurs,* du dramaturge Michel Tremblay, fait sensation lors de sa première représentation en 1968, parce qu'elle est entièrement écrite en joual, le français de la rue, et qu'elle met en scène les expériences des femmes francophones de la classe ouvrière. Au Canada anglais, des auteures comme Margaret Atwood et Alice Munro contribuent à la structuration de nouvelles idées concernant le Canada moderne et la place qu'y occupent les femmes, des réflexions qu'elles poursuivent encore aujourd'hui. Récemment, les auteurs autochtones Tomson Highway, Eden Robinson et Thomas King donnent une lecture différente et incisive de ce que sont le Canada, son territoire et les récits qu'on en fait. D'autres, comme Michael Ondaatje, Shani Mootoo, Madeleine Thein, Dionne Brand, Ying Chen et Dany Laferrière, témoignent quant à eux de l'évolution des migrations mondiales et des défis de l'altérité et du partage des cultures en contexte d'immigration. D'autres encore, tels Wayson Choy, Joy Kogawa et Lawrence Hill, traitent d'histoires canadiennes et internationales, offrant des perspectives touchantes et parfois bouleversantes sur notre passé.

Foire alimentaire ethnique, temple Al Azhar, Calgary, Alberta, avril 1956

Des auteurs-compositeurs-interprètes comme Joni Mitchell, Leonard Cohen, Pauline Julien, Richard Desjardins et Ariane Moffat reflètent la révolution culturelle des quarante dernières années, à laquelle ils ont grandement contribué. Depuis la fin des années 1970, des rockers punks comme les Vancouvérois de DOA proposent une critique cinglante et articulée du capitalisme. Dans le Winnipeg actuel, le hip-hop est un genre musical en expansion, particulièrement propice à l'émergence d'artistes autochtones, dont Wab Kinew et Samian. Montréal est considérée par plusieurs comme l'une des meilleures scènes musicales indépendantes du monde,

Les Tam-tams du mont Royal, Montréal

avec des groupes cultes comme Godspeed You! Black Emperor. La chanson *Wavin' Flag,* de l'artiste hip-hop canado-somalien K'Nann, et l'immense succès du groupe montréalais Arcade Fire sont des rappels récents de la pérennité et de l'influence de la culture populaire canadienne.

L'expression culturelle a besoin d'être nourrie et protégée. Pendant la plus grande partie du XXᵉ siècle, le gouvernement canadien accorde aux arts un financement relativement généreux, du moins selon les normes nord-américaines. Or, la plupart des programmes de soutien aux écrivains, musiciens ou artistes visuels sont aujourd'hui en voie d'être réorientés, diminués et dans certains cas carrément abolis. En 2008, le gouvernement Harper décide notamment de supprimer annuellement la somme colossale de 45 millions dans les programmes de financement des arts et de la culture. Les conséquences de ces compressions sur la vie artistique et culturelle canadienne restent à mesurer, mais les perspectives ne sont pas très reluisantes.

Les Canadiens et leur
système de gouvernement

On dit souvent que le Canada est une démocratie. Si les citoyens canadiens ont en effet plus que d'autres leur mot à dire dans la vie politique, la démocratie canadienne reste très limitée si l'on considère que cette notion signifie « dirigé par le peuple ».

Pour voter, que ce soit au niveau fédéral, provincial, municipal ou scolaire, il faut détenir la citoyenneté canadienne. Or, quand un immigrant arrive au Canada, il doit attendre plusieurs années avant d'entamer le processus de demande de citoyenneté, qui exige de payer des frais, de passer un examen écrit et de faire serment d'allégeance à la reine d'Angleterre. Des milliers d'hommes et de femmes qui n'ont pas terminé ce processus ou qui n'ont tout simplement pas le droit de demander la citoyenneté — pensons notamment aux travailleurs saisonniers — sont aujourd'hui privés de leurs droits au Canada, et ce, même s'ils enrichissent la société de leur travail et de leurs cultures. La démocratie canadienne est certes plus inclusive que celle qui prévalait il y a un siècle, mais beaucoup en demeurent encore exclus.

Dans le système parlementaire canadien, le premier ministre bénéficie de nombreux pouvoirs discrétionnaires. Il est par ailleurs très difficile de s'opposer aux décisions du parti majoritaire à la Chambre des communes. Les représentants élus suivent presque

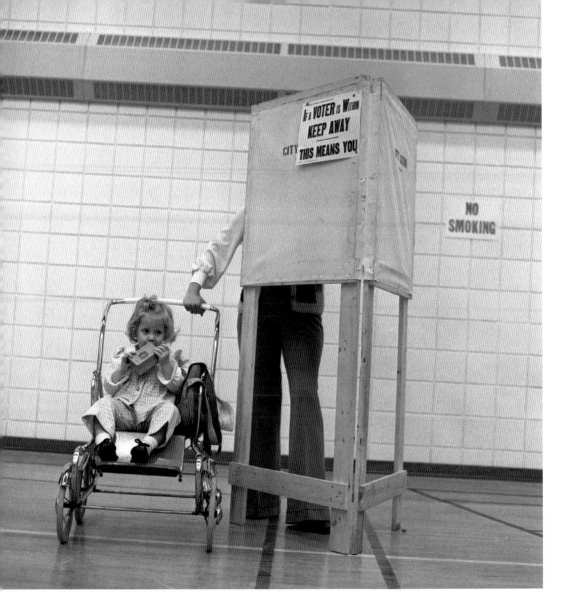

Une fillette attend sa mère, qui exerce son droit de vote lors d'élections municipales, Calgary, Alberta, octobre 1974

toujours « la ligne » de leur parti, qu'ils soient d'accord ou non avec ses politiques.

Entre 2011 et 2012, le gouvernement fédéral impose le « bâillon » (mesure qui lui permet de limiter le temps consacré aux débats des projets de loi afin de les adopter plus rapidement) dix-neuf fois afin de museler l'opposition, bafouant ainsi l'un des principes démocratiques fondamentaux du système parlementaire canadien. Au printemps 2012, il profite du dépôt de son budget pour faire adopter le controversé projet de loi C-38, un document de 400 pages qui modifie en profondeur près de 70 lois fédérales en matière de protection de l'environnement, d'assurance-emploi, d'immigration et de sécurité de la vieillesse. Par exemple, l'adoption de ce projet de loi marque le retrait officiel du Canada du protocole de Kyoto, un traité international visant à réduire les émissions de gaz à effet de serre.

En ne laissant pas de place aux tiers partis, le système électoral canadien étouffe la pluralité des opinions politiques. Un déficit démocratique s'installe également quand, par exemple, un parti politique gouverne le Québec après avoir récolté seulement 32 % du vote, comme en témoignent le résultat des élections de 2012. En dehors des campagnes électorales, les occasions et les espaces délibératifs à la disposition des citoyens pour véritablement influencer les prises de décisions politiques sont limités, tandis que les autorités publiques encouragent de moins en moins l'engagement citoyen.

Caricature sur le droit de vote des femmes, 8 juillet 1914

De plus, le manque de transparence et d'accès à l'information au sujet des actions du gouvernement, les restrictions toujours plus grandes à la liberté d'expression et à la capacité des citoyens de manifester leur dissidence et de s'organiser collectivement, ainsi que le rejet des demandes citoyennes d'investissements publics en matière d'égalité sociale réduisent également la force de notre démocratie.

De même, l'accumulation de scandales politiques (scandale des commandites, allégations de corruption dans l'octroi de contrats publics, pratiques éthiques douteuses en matière de gouvernance tant de la part de politiciens que de dirigeants d'entreprises) érode le lien de confiance entre les citoyens et les élus et entre la population et les institutions publiques et/ou privées.

En fait, une démocratie achevée, même lorsqu'imparfaite et lacunaire, n'est pas le fruit du hasard. Elle résulte plutôt de l'aboutissement de luttes pour l'élargissement du droit de vote, l'élimination de la discrimination selon l'ethnie, le sexe ou l'orientation sexuelle, l'opposition à la colonisation des peuples et des territoires

Chant de gorges et tambour avec le groupe Black Bear, Maniwaki, Outaouais, 6–7 août 2004

autochtones et l'obtention de lois plus justes et équitables. Elle est aussi le fruit de l'intérêt profond que les Canadiens lui portent. Par exemple, quand le gouvernement lance la Commission royale d'enquête sur la situation de la femme au Canada en 1967 (Commission Bird), des milliers de femmes tiennent des assemblées et rédigent lettres et mémoires. Largement diffusés, le rapport Bird et ses recommandations sont étudiés puis entérinés par des groupes de femmes. Elles en tirent un certain nombre de revendications prioritaires qui alimentent les luttes féministes des années 1970.

Foule d'électeurs dans le bureau de vote à l'école Altadore lors d'une élection municipale, Calgary, Alberta, 14 octobre 1953

La participation électorale des Premières Nations est un bon exemple des lacunes de la démocratie canadienne. Quand ils obtiennent enfin le droit de vote en 1960, la majorité des Autochtones s'en prévalent, mais leur adhésion au système électoral canadien est éphémère. En 1969, le gouvernement canadien publie le *Livre blanc sur la politique indienne*. Dans ce document, il propose d'abolir la *Loi sur les Indiens* de 1876, de transférer aux gouvernements provinciaux la responsabilité de s'occuper des Peuples autochtones vivant sur leur territoire, en même temps qu'il affirme « le droit essentiel qu'a l'Indien de participer pleinement et à titre égal à la vie culturelle, sociale, économique et politique du Canada ». Cette tentative d'éliminer le statut juridique et administratif particulier aux communautés amérindiennes vise en fait à favoriser leur assimilation à la population canadienne. Les Premières Nations y voient d'ailleurs une forme de génocide culturel et leur réplique ne se fait pas attendre. En 1970, l'*Indian Association of Alberta* publie le *Citizens Plus* (Livre rouge), dans lequel elle s'oppose à l'idée que les Autochtones sont des citoyens du Canada au même titre que les autres Canadiens. En accord avec les traités signés par les Autochtones et les Blancs depuis l'époque de la colonisation et en vertu du principe de la souveraineté des peuples, l'association rejette en bloc les recommandations du *Livre blanc* et conclut qu'il « est source de désespoir plutôt que d'espoir ».

Le désintérêt des Autochtones pour la démocratie canadienne témoigne de leur sentiment d'être marginalisés et même abandonnés par le gouvernement, en même temps qu'il représente un signe de résistance et de mécontentement face aux politiques gouvernementales. Aujourd'hui, le taux de participation des Premières Nations aux élections est plus bas que celui du reste de la population. Lors de l'élection générale fédérale de 2000, seulement 35,3 % des Autochtones du Québec vivant dans les réserves se prévalent de leur droit de vote.

Le système judiciaire

Les injustices et les inégalités persistent au Canada malgré l'engagement fortement affirmé du pays envers la « primauté du droit », c'est-à-dire envers l'idée que nul n'est au-dessus de la loi, que les lois sont objectives et neutres et qu'elles s'appliquent à tous de façon équitable.

Alors que les taux de criminalité au Canada chutent depuis quelques années, les taux d'incarcération, eux, sont parmi les plus élevés en Occident. Les Autochtones, tout comme les membres

d'autres groupes marginalisés, sont surreprésentés dans les prisons canadiennes. Dans certaines régions du pays, les jeunes Autochtones sont même plus susceptibles d'être emprisonnés que d'obtenir un diplôme collégial. Depuis quelques années, le Canada adopte une approche de plus en plus punitive à l'égard de la criminalité et des problèmes sociaux, et ce, malgré l'accumulation d'études qui concluent à l'inefficacité des mesures coercitives en matière de protection des communautés. Ironiquement, au printemps 2012, le gouvernement fédéral abolit le registre canadien des armes à feu, mis sur pied à la suite de la tuerie de l'École Polytechnique en 1989, même si une majorité de Canadiens sont favorables à son maintien. L'abolition du registre prive les corps policiers d'un outil indispensable à la prévention de la criminalité. À l'automne 2012, le Québec, chef de file dans la lutte pour le maintien du registre, obtient une injonction permanente de la Cour supérieure du Québec qui force le gouvernement fédéral à lui remettre les données qu'il contient au sujet des citoyens qui vivent sur son territoire.

En 1982, le Canada adopte la *Charte canadienne des droits et libertés,* qui garantit certains droits, dont la liberté d'expression, l'égalité et la présomption d'innocence. Malgré quelques décisions

Manifestants lors du sommet du G20 et agents de la police de Toronto, juin 2010

Cellule pour femme, prison de la police, Calgary, Alberta, années 1950

judiciaires importantes invoquant la Charte (comme l'abrogation de la législation restrictive en matière d'avortement en 1988), plusieurs droits sont interprétés de façon étroite ou de telle sorte que la Charte est incapable de contrer efficacement les inégalités et les abus de pouvoir. À titre d'exemple, en 2010 à Toronto, plus d'un millier de personnes sont arrêtées et placées en détention, la plupart sans être accusées, pour avoir participé à des manifestations le plus souvent pacifiques contre les politiques du gouvernement.

Des situations considérées par plusieurs Canadiens comme de graves violations des droits fondamentaux, par exemple le manque d'eau potable dans plus de cent communautés autochtones ou encore l'indigence de millions de Canadiens, ne sont pas reconnues comme telles par les tribunaux. La Charte est à l'inverse utilisée par des entre-prises pour défendre des causes moins nobles, tel le « droit » de faire la promotion du tabac, et se montre inefficace dans la lutte au profilage racial pratiqué quotidiennement par les forces policières du pays.

Des droits, s'ils ne sont garantis par des tribunaux, sont sans significations. En 2006, le gouvernement fédéral abolit pourtant un programme servant à financer des recours aux tribunaux en vertu de la Charte, limitant ainsi le pouvoir d'ac-tion de différents organismes, comme les groupes féministes. Durant la même période, l'aide des gouvernements fédéral et provinciaux aux services juri-diques publics subventionnés (« l'aide juridique ») diminue, rendant la justice inaccessible à plusieurs.

Des entreprises et des individus fortunés intentent des poursuites abusives (poursuites bâillons) afin de museler des citoyens ou des groupes de citoyens qui les critiquent, limitant ainsi leur liberté d'expression. Comment de simples citoyens peuvent-ils amasser les sommes nécessaires, souvent très considérables, à la conduite de procès? Le principe de l'égalité de tous devant la loi et les tribunaux est donc ici mis à mal.

Arrestation lors d'une manifestion contre la brutalité policière, Montréal, 15 mai 2010

Malgré ces obstacles, des Canadiens continuent à revendiquer le respect de leurs droits et la fin des injustices, tant à l'échelle locale qu'internationale, conjuguant parfois contestations judiciaires et autres stratégies militantes.

Les symboles canadiens

Le partage et la reconnaissance de symboles et de lieux permettent aux individus de développer un sentiment d'appartenance, de s'unir en tant que nation et d'inciter les autres nations à les reconnaître comme telle. Le Canada n'y fait pas exception. Le pays est toutefois immense et des clivages linguistiques, sociaux et régionaux divisent à certains égards sa population. Ces divisions font en sorte que des symboles considérés par certains comme « nationaux » ne le sont pas pour d'autres. D'autres symboles sont partagés par les Canadiens, mais, pour diverses raisons, les gens sont réticents à les classer comme « symboles nationaux ». Notons aussi que les gouvernements et l'industrie exercent un rôle actif et souvent considérable dans la fabrication et la promotion des symboles « nationaux », et ce, parfois à la grande surprise des communautés qui les connaissent le mieux. Voici quelques exemples de symboles canadiens.

La Police montée

Peu de symboles semblent plus « canadiens » que la Gendarmerie royale du Canada (GRC) ou « Police montée », comme on la désigne dans le langage populaire. Ses officiers sont facilement reconnaissables à leurs uniformes de parade, le *Red Serge* : veston rouge, chapeau Stetson brun à large bord, pantalon équestre bleu marine marqué d'une bande jaune sur les côtés et bottes de cuir brun. Plus qu'une simple mascotte, la Police montée a juridiction dans toutes les provinces (sauf en Ontario et au Québec) et dans plus de 190 municipalités, 184 communautés autochtones et trois aéroports internationaux.

La Police montée incarne pour plusieurs, tant au Canada qu'à l'étranger, la quintessence de la « canadianité ». Lors des cérémonies de citoyenneté, seul l'hymne national du pays parvient à l'éclipser, alors que des romans, des films et la télévision l'ont souvent représentée de manière stéréotypée. Comme symbole, elle sert également à exprimer les valeurs liées au nationalisme dominant du Canada anglais. Dans le passé, on l'a louangée pour avoir imposé la « loi et l'ordre » britanniques aux Autochtones. Plus tard, ses membres ont été perçus comme des bâtisseurs de la nation, incarnant les principes « de paix, d'ordre et de bon gouvernement », valeurs sur lesquelles, selon certains, s'est fondée la Confédération canadienne. Ajoutons enfin que l'arrivée des femmes au sein de l'organisation en 1974 et la permission accordée aux sikhs de troquer le Stetson pour le turban lors des cérémonies ont permis à la Police montée de jouer la carte de l'inclusion.

Néanmoins, tous les Canadiens n'ont pas une opinion positive de la Police montée. Plusieurs soulignent le rôle important qu'elle a joué dans les diverses campagnes de répression et d'asservissement menées contre les peuples autochtones, témoignant ainsi des visées colonialistes du gouvernement fédéral dans l'Ouest canadien. De même, lors de conflits de travail, la Police montée est intervenue violemment contre les grévistes et, à certains moments, a espionné des Canadiens sans aucun motif légitime. Enfin, bien que les femmes soient acceptées au sein de la GRC, des allégations de harcèlement sexuel à l'égard de certains de ses officiers circulent depuis quelques années. En fait, plusieurs considèrent que les membres de la Police montée, présents lors des cérémonies de citoyenneté, traînent avec eux la longue histoire d'un État qui ne respecte pas ses citoyens.

La poutine et le stand à patates

Au Québec, chaque ville et village possède son stand à patates, où les habitués se rencontrent pour faire la jasette et se régaler de poutines et de hamburgers. C'est au cours des années 1950 et 1960, avec la démocratisation de l'automobile, que ce genre de casse-croûte connaît un véritable succès. La promenade en automobile devient alors le rituel du dimanche de bien des familles québécoises, l'expédition étant généralement marquée par un arrêt au stand à patates pour manger un « casseau » de frites assaisonnées de sel et de vinaigre, ou une « p'tite molle » (crème glacée molle).

La fameuse poutine apparaît à la même époque. Mélange de frites et de fromage en grains frais recouvert de sauce brune, le plat devient vite populaire dans les régions rurales du Québec, mais les anglophones l'ignorent pendant longtemps. Pour bien des Québécois, la poutine est un grand classique de fin de soirée. À la fin d'événements sportifs et à la fermeture des bars, le casse-croûte du coin est généralement pris d'assaut par une joyeuse faune nocturne en quête d'un plat réconfortant et d'un moyen de prévenir les « lendemains de veille » difficiles, car selon certains, la poutine aurait des vertus contre la gueule de bois.

En raison de leur grande popularité, le casse-croûte et la poutine sont souvent récupérés à des fins politiques. Lors de campagnes électorales, le casse-croûte local constitue un arrêt obligé pour les candidats qui tentent de convaincre les électeurs de voter pour eux. On pousse parfois la stratégie de séduction un peu plus loin. Ainsi, en avril 2011, dans les derniers jours de la campagne électorale, le premier ministre du Canada organise un événement médiatique dans l'une des succursales de la populaire chaîne de restauration rapide de Québec *Chez Ashton*, réputée pour sa poutine. Sous les flashs des caméras, on le voit jouer les marmitons et mettre la touche finale à une poutine. Poutine et politique ne font toutefois pas toujours bon ménage, car c'est un « symbole » qu'il faut manipuler avec soin. En 2008, un carton d'invitation, envoyé dans le cadre d'une réception à l'ambassade du Canada à Washington pour souligner le 400e anniversaire de Québec, suscite un tollé de protestations chez certains Québécois : le carton arborait la statue de Samuel de Champlain (fondateur de Québec), une poutine au bout du bras!

Casse-croûte sur la côte du Beaver Hall à Montréal

Longtemps perçue comme une curiosité gastronomique québécoise quelque peu gênante, la poutine séduit maintenant le reste du Canada et transcende les classes sociales et les barrières culturelles. Elle peut même devenir un véritable mets gastronomique avec l'ajout d'un peu de foie gras. Dans les provinces maritimes, la poutine au homard concurrence désormais le classique sandwich (ou guédille) au homard auprès des touristes, tandis que dans l'Ouest, le bœuf braisé albertain aide à faire accepter le plat dans une région habituellement peu réceptive à la culture québécoise. Selon un sondage réalisé en juin 2012, 21 % des Canadiens (et 40 % des jeunes) désigne la poutine comme étant le plat national du Canada.

L'inukshuk

Peut-être en avez-vous vu sur la route Transcanadienne ou encore à la Minute du patrimoine à la télévision. Peu importe où vous avez rencontré ce précaire empilement de pierres, on reconnaît facilement l'inukshuk. Profondément ancré dans la culture inuite, on l'utilise depuis des siècles comme point de repère pour indiquer des voies de circulation, des campements et des lieux de pêche et de chasse. Comme pour beaucoup d'autres productions culturelles des Premières Nations, l'inukshuk est souvent récupéré par les populations non autochtones. En 2010, Vancouver en fait son logo pour les Jeux olympiques d'hiver, le diffusant dans le monde entier, par l'entremise de la télévision. Si des militants des Premières Nations estiment que le logo ressemble plus à un Pac-Man qu'à un authentique inukshuk, d'autres le considèrent comme un hommage aux peuples autochtones du Canada. Le gouvernement canadien élève également des inukshuks dans d'autres pays en guise de présents diplomatiques, le plus récent ayant été érigé au Mexique, en collaboration avec la Chambre de commerce du Canada. Enukso Point, sur l'île de Baffin, abrite plus de 100 inukshuks et est considéré comme un lieu historique national.

Les Inuits luttent toutefois pour conserver le contrôle de l'inukshuk, que ce soit en le mettant sur le drapeau du Nunavut ou en nommant une école en son honneur à Iqaluit. Malgré tout, en 2007, Schomberg, en Ontario, dévoile son inukshuk géant, qui est inscrit dans le livre Guiness des records; il fait désormais partie des circuits touristiques canadiens farfelus, à côté d'attractions similaires, tels le Big Nickel de Sudbury, le pierogi géant de Glendon et le grand homard de Shediac.

Le rocher Percé

Le rocher Percé est au Québec ce que les Rocheuses sont au Canada : l'un des plus beaux joyaux que la nature lui ait donné et un grand objet de fierté pour ses habitants. En mars 2012, un sondage révèle en effet qu'une majorité de Québécois (56 %), anglophones et francophones confondus, le classe au premier rang des « sept merveilles » de la province. Remarqué par tous les explorateurs européens qui remontent le fleuve Saint-Laurent (sauf, apparemment, par Jacques Cartier qui n'en souffle aucun mot dans ses récits de voyage; l'aurait-il raté?), il devient, dès le début du XXe siècle, un attrait touristique incontournable, pour ne pas dire un véritable lieu de pèlerinage qui justifie à lui seul de « faire le tour » de la Gaspésie. Vieille de 400 millions d'années, cette masse de calcaire qui se dresse à quelques encablures de la rive impressionne par sa prestance, mais surtout par son arche, sculptée par les vagues, qu'on peut atteindre à pied à marée basse. Facilement reconnaissable, le rocher Percé est l'un des symboles visuels les plus caractéristiques du Québec et de la grandeur de sa nature sauvage. D'ailleurs, toute brochure touristique digne de ce nom le reproduit, parfois même sur la page couverture, comme le guide Ulysse 2012.

Les guides ne mentionnent cependant pas qu'à la fin des années 1960, la ville de Percé, qui fait face au rocher, est le berceau de la cellule Chénier du Front de libération du Québec. En effet, en juin 1969, les frères Paul et Jacques Rose ainsi que Francis Simard, trois activistes montréalais, s'installent à Percé et, avec le jeune pêcheur gaspésien Bernard Lortie, ouvrent la Maison du Pêcheur, un lieu de rassemblement et de conscientisation politique qui connaît un certain succès. Leur initiative, qui attire la jeunesse de partout au Québec, est très mal vue, tant des commerçants craignant pour leurs affaires que des autorités municipales. À deux reprises durant l'été, ces dernières tentent sans succès de les expulser de force. Au terme de cette expérience, qui dure deux étés, les quatre animateurs de la Maison du Pêcheur fondent la cellule Chénier et enlèvent le ministre du Travail Pierre Laporte au cours de la crise d'octobre de 1970.

Si jamais vous faites le tour de la Gaspésie, n'oubliez pas que, pour contempler le rocher Percé dans toute sa majesté, il faut traverser la péninsule gaspésienne par la vallée de la Matapédia à partir de Sainte-Flavie et suivre la rive sud de la presqu'île vers l'est. Juste après Gaspé, vous rencontrerez le Parc national de Forillon, une autre attraction touristique bien cotée qui est le témoin d'une lutte épique au début des années 1970, alors que les autorités fédérales et provinciales exproprient et chassent de leurs villages plus de 225 familles afin de créer le parc. Comme quoi la Gaspésie recèle bien plus que de beaux paysages...

Le bagel de Montréal

Le bagel fait son apparition à Montréal autour de 1900 avec l'arrivée de l'immigrant russe Chaim (Hyman) Seligan. Équipé d'une voiture tirée par un cheval, Chaim vend ses bagels à la douzaine, attachés ensemble à l'aide d'une corde. Le bagel montréalais est

plus petit, plus sucré et plus dense que ceux qu'on fabrique ailleurs.
L'authentique bagel est façonné à la main et cuit dans un four à
bois. Bien qu'il existe seulement deux variétés à l'origine, sésame
et pavot, on en compte aujourd'hui beaucoup plus afin de satisfaire
tous les palais; le *Fairmount Bagel* se vante même d'en offrir plus de
200. Ils sont dorénavant également distribués dans plusieurs villes
canadiennes. Ainsi, chaque mardi matin, la population d'Halifax
reçoit son lot de bagels par avion. Le bagel de Montréal a même
fait un voyage spatial. En 2008, l'astronaute montréalais Gregory
Chamitoff apporte en effet 18 bagels du Fairmount Bagel dans la
navette spatiale Endeavour.

Le bagel de Montréal fait l'objet d'un débat continuel : laquelle
des boulangeries juives de la ville produit les meilleurs bagels?
Fondés dans les années 1950, le *Fairmount Bagel* situé sur la rue
Fairmount et le *St-Viateur Bagel*, ayant pignon sur la rue du même
nom, s'imposent dans la fabrication et le commerce du bagel. La
rivalité amicale qui s'installe entre les deux commerces reçoit une
attention médiatique importante et inspire de nombreux concours,

St-Viateur Bagel

mais il faut renoncer à trouver un vainqueur, la clientèle respective des deux commerces demeurant loyale à son fournisseur. Le débat concernant les meilleurs bagels a même traversé les frontières et opposé les bagels new-yorkais aux bagels montréalais. Le fait que Montréal autorise encore l'utilisation de fours à bois pour les fabriquer procure un avantage indéniable aux bagels de la ville. En fin de soirée, un autre genre de dilemme se pose alors que les bars ferment leurs portes : pour combler la fringale, un bagel avec fromage à la crème ou bien une poutine?

À Montréal, le bagel fait maintenant partie des habitudes alimentaires de bien des familles québécoises. Quand plusieurs familles juives montréalaises quittent la province suite à la victoire du Parti Québécois en 1976, on voit surgir des commerces de bagels là où elles avaient migré : Toronto, Ottawa, Hamilton, Calgary et Vancouver. Oubliez le beigne comme symbole gastronomique montréalais. Même s'il a à peu près la même forme, c'est le bagel qui s'impose avec force dans la culture culinaire de Montréal.

L'aréna municipal

Si certains arénas accueillant des équipes professionnelles de hockey occupent une place de choix dans l'imaginaire national, le centre communautaire, avec son aréna local et sa patinoire intérieure, constitue la véritable épine dorsale d'innombrables collectivités urbaines et rurales du Canada. L'aréna ou le centre communautaire peut non seulement servir de lieu de rassemblement pour des manifestations politiques, des concerts, des spectacles, mais également de bureau de vote et de clinique de santé publique. Ces centres restent toutefois d'abord associés au hockey. En effet, la présence d'une patinoire occulte bien souvent le caractère multifonctionnel de ces lieux au profit du hockey. Il faut dire que le lien entre le hockey et le Canada est si fort que des guides en ligne, conçus pour aider les immigrants à réussir l'examen pour la citoyenneté, posent comme question préparatoire : quelle est la signification du hockey? La réponse — qu'il s'agit du sport-spectacle le plus populaire au Canada — est peut-être exacte, mais le rôle de la patinoire dans la culture canadienne n'y est qu'à peine effleuré.

Le Centre-Paul-Sauvé, anciennement situé dans le quartier Rosemont à Montréal, est un bel exemple de centre multifonctionnel qui a un impact important dans la vie politique, sociale et culturelle d'un quartier et du Québec dans son ensemble. Inauguré

Intérieur d'un aréna municipal de Montréal

en 1960, il accueille, le 15 octobre 1970, en pleine Crise d'octobre, un rassemblement de plus de 3000 sympathisants venus écouter Pierre Vallières, Michel Chartrand et Robert Lemieux. C'est également le lieu de ralliement du Parti québécois lors de sa première élection 1976 et celui des camps du Oui et du Non lors du référendum de 1980. Durant les années 1960 et 1970, des vedettes de la lutte comme Johnny Rougeau et Mad Dog Vachon connaissent leurs heures de gloire à cet endroit. Signe des transformations importantes qui affectent certains quartiers urbains, on détruit le Centre en 1996 pour construire des condominiums.

En ce qui concerne les arénas, deux se distinguent particulièrement au Québec : le Victoria Rink et le Forum. Ils ont un rôle unique dans l'histoire du hockey et du Québec. En effet, c'est au Victoria Rink, sur la rue Drummond à Montréal, que se joue le 3 mars 1875 la première partie publique de hockey à l'intérieur. Le 17 mars 1955, le Forum de Montréal est le théâtre d'une émeute qui interrompt brusquement un match entre les Canadiens de Montréal et les Red Wings de Detroit. Réagissant à la suspension sévère de la vedette du Canadien, Maurice Richard, des spectateurs lancent des bombes fumigènes en direction du président de la Ligue nationale de hockey, Clarence Campbell, qui assiste à la rencontre. Dès le 21 mars, l'éditorialiste du Devoir, André Laurendeau, mentionne avec acuité, dans un article intitulé *On a tué mon frère Maurice*, que « le nationalisme canadien-français s'est réfugié dans le hockey ». Cette émeute au Forum s'inscrit donc dans la trame des événements importants qui marquent le début de la période des réformes sociales et culturelles de la Révolution tranquille.

L'économie canadienne

Le Canada a une économie de type capitaliste, ce qui signifie que les décisions économiques sont prises pour l'essentiel par des entreprises privées à but lucratif qui ont recours à une main-d'œuvre salariée. Dans les économies capitalistes, l'investissement, la croissance et l'emploi dépendent de la rentabilité des entreprises privées, ce qui donne à leurs propriétaires un poids considérable dans l'élaboration des politiques économiques.

Il existe cependant des différences énormes entre les pays capitalistes. En Suède, par exemple, pays social-démocrate, le gouvernement est un outil qui permet de faire contrepoids aux inégalités engendrées par le système capitaliste. Par l'entremise de programmes sociaux (tels les services de garde d'enfants, d'éducation et de soins de santé) et de lois, l'État réduit la pauvreté, favorise le plein-emploi et la formation de syndicats. À l'opposé, des nations comme les États-Unis, qui adoptent le laissez-faire économique, orientent le marché du travail et le système fiscal en faveur des entreprises et des mieux nantis, et ce, au détriment de la main-d'œuvre. Les inégalités socio-économiques sont donc importantes au sein de la population.

Le Canada prône également le libéralisme économique. Bien qu'entre la Deuxième Guerre et la fin des années 1970 il se montre

Opération SalAMI, manifestation anti-capitaliste et altermondialiste contre l'Accord multilatéral sur l'investissement (AMI), Montréal, mai 1998

plus interventionniste, adoptant de nombreux programmes sociaux, depuis les années 1980, l'économie canadienne est beaucoup plus inégalitaire et l'écart entre les revenus y est plus prononcé. Le système d'imposition du pays est moins progressif et favorise les plus riches et les entreprises. La part des bénéfices réalisés par les entreprises dans l'économie canadienne passe de 25 % au début des années 1980 à 33 % en 2005.

De plus, nombre des programmes sociaux du Canada, comme l'aide sociale et l'assurance-emploi, sont moins généreux qu'auparavant et leur accès, de plus en plus restreint. Par exemple, en 1991, un couple albertain avec deux enfants vivant de l'aide sociale reçoit 23 700 $ par an. En 2005, cette prestation n'est plus que l'équivalent de 19 500 $. En 2012, le gouvernement fédéral resserre considérablement les règles d'admissibilité au programme d'assurance-emploi. Selon les nouvelles mesures, après six semaines de prestations, le « prestataire fréquent » devra accepter « tout travail » pour lequel il est qualifié, à 70% de la rémunération précédente. Ces nouvelles restrictions

TABLEAU 1 : *Coefficient de Gini, revenus après impôts et transferts (milieu des années 1980–milieu des années 2000)*

Canada	0,29	0,32
Québec	0,28	0,30
É.-U.	0,34	0,37
Suède	0,20	0,24

SOURCE : *Statistiques Canada, Coefficients de Gini du revenu du marché, total et après impôt, selon le type de famille économique. http://www5.statcan.gc.ca/cansim/a05?lang=fra&id=2020705 (consulté le 10 octobre 2012)*

visent particulièrement les travailleurs saisonniers des secteurs de l'agriculture, de la foresterie, des pêcheries et du tourisme.

Depuis les années 1990, le taux de syndicalisation diminue de manière constante et les travailleurs canadiens font face à une concurrence accrue de la part des travailleurs des pays émergents, ce qui entraîne une stagnation des salaires. Les travailleuses féminines canadiennes sont néanmoins syndiquées dans de plus fortes proportions. Au milieu des années 2000, le revenu réel des familles les plus modestes au Canada est équivalent ou même inférieur à ce qu'il était au milieu des années 1970, alors que celui des plus riches a progressé de 23 000 $ au cours de la même période. Pire, les familles au bas de l'échelle travaillent plus longtemps qu'elles ne le faisaient auparavant.

Néanmoins, il existe d'autres modèles d'économies libérales à l'intérieur du Canada. Ainsi, le Québec s'est démarqué des autres provinces depuis la fin des années 1990 en créant plusieurs programmes sociaux d'envergure qui atténuent les inégalités (assurance médicaments, congés parentaux, système public de garderies). De même, la baisse du taux de syndicalisation y est moins prononcée.

TABLEAU 2 : *Revenu médian après impôts par décile, Canada – familles avec enfants fin des années 1970–milieu des années 2000*

10 % supérieur	108 000	131 000
20–30 %	38 000	37 000
10–20 %	29 000	29 000
10 % inférieur	16 000	17 000

SOURCE : *A. Yalnizyan, The Rich and the Rest of Us, Ottawa, Centre canadien des politiques alternatives, 2007, p. 25*

Pour plusieurs Québécois, ces mesures sociales font partie d'un « modèle québécois » qui renvoie à leur identité.

Si les partisans d'une politique économique libérale au Canada prétendent que les inégalités socio-économiques sont inévitables, l'exemple de la Suède, et dans une moindre mesure celui du Québec, démontre au contraire qu'une économie plus égalitaire et en santé, dans laquelle les fruits de l'activité économique sont plus largement partagés, est possible.

Régions du Canada

Le Canada est un pays vaste. Bordé par l'océan Pacifique à l'ouest, l'océan Atlantique à l'est et l'océan Arctique au nord, il se trouve ainsi en contact avec l'Asie, l'Europe et le Nord circumpolaire. Aujourd'hui, la plupart des Canadiens vivent près de la frontière partagée avec les États-Unis au sud du pays. Cette frontière traverse des territoires autochtones et est contestée depuis longtemps par les Premières Nations, notamment par les membres de la Confédération iroquoise des Six-Nations.

Les États-Unis sont puissants, riches et populeux, si bien qu'il est difficile pour le Canada de côtoyer d'aussi près un tel voisin sans subir profondément son influence. L'*Accord de libre-échange*, signé par le Canada et les États-Unis en 1988, et l'*Accord de libre-échange nord-américain*, conclu entre le Canada, le Mexique et les États-Unis en 1994, éliminent des barrières importantes entre ces pays. Culture (télévision, radio, cinéma, musique), idées et produits états-uniens voyagent librement vers le Canada, mais occasionnellement seulement en sens inverse. Depuis le 11 septembre 2001, le Canada harmonise graduellement ses pratiques d'immigration et de contrôles frontaliers avec celles des États-Unis.

Paradoxalement, les frontières se durcissent progressivement à d'autres égards. Depuis juin 2009, les citoyens canadiens ont besoin

Participant à une manifestation sur la Colline du Parlement à Ottawa, le 26 février 2011

d'un passeport pour traverser la frontière états-unienne. Il est également de plus en plus difficile d'entrer au Canada. Le pays accorde la résidence à environ 250 000 immigrants annuellement, mais plusieurs demandeurs sont refusés ou entrent sur le territoire sans statut juridique. Depuis 2011, le gouvernement canadien met en place une série de mesures visant à resserrer les conditions d'admission, particulièrement à l'égard des réfugiés : collecte de données biométriques pour les demandeurs de visas temporaires et détention des demandeurs d'asile jugés « irréguliers », y compris les enfants de moins de 16 ans. Le ministre de la Citoyenneté, de l'Immigration et du Multiculturalisme dispose d'un pouvoir discrétionnaire accru. Il peut ainsi, sans l'avis d'experts, dresser la liste des pays considérés comme « sûrs » pour leurs habitants, restreignant ainsi les possibilités de faire une demande d'asile pour les ressortissants de ces pays. La délation pour fraude en matière de citoyenneté est facilitée et encouragée avec la mise sur pied d'une ligne téléphonique où on peut dénoncer les demandeurs qui font de fausses déclarations. Environ 1,5 % de la population canadienne n'a pas l'autorisation de se trouver sur le territoire canadien ou n'est pas recensée. Ces gens ne peuvent que très difficilement, le cas échéant, faire valoir leurs droits fondamentaux. Chaque année, environ 11 000 personnes sont expulsées du Canada. Partout au pays, des groupes comme « No One is Illegal/ Personne n'est illégal » aident les migrants, contestent un système qui considère certains individus comme illégaux et contribuent à nous faire imaginer un monde sans frontières.

La capitale nationale

En 1857, la reine Victoria fait d'Ottawa la capitale du Canada. Avant que la reine d'Angleterre ne choisisse cette petite ville de bûcherons, plusieurs villes abritent successivement le Parlement, notamment Kingston, Québec, Montréal (jusqu'à ce qu'une foule de *tories*, en furie contre l'adoption d'une loi accordant des indemnisations aux habitants du Bas-Canada dont la propriété avait subi des dommages pendant les Rébellions, brûle l'édifice où siégeaient les parlementaires en 1849) et Toronto.

Provinces et territoires

Le Canada est constitué de dix provinces et de trois territoires. Les provinces possèdent le droit d'élire leurs propres gouvernements et d'adopter des lois dans les champs de juridiction qui leur sont dévolus par la Constitution. Les territoires ont des gouvernements territoriaux dont les membres élus possèdent le pouvoir de légiférer en matière d'éducation, de santé et de services sociaux, mais, contrairement aux provinces, ce pouvoir n'est pas enchâssé dans la Constitution; il est plutôt délégué par le Parlement du Canada.

Population

La population du Canada est d'environ 34 millions de personnes. Pour plusieurs Canadiens, les identités locales, régionales ou

« nationales autres » sont aussi voire plus importantes que l'identité nationale canadienne. Les gens peuvent s'identifier à leur pays d'origine, aux nations autochtones dont ils font partie ou encore à la nation québécoise. Les Haudenosaunee possèdent par exemple leurs propres passeports qui témoignent de l'affirmation de la souveraineté de leur nation autochtone. De la même façon, en 2007, un sondage révèle que seulement 38 % des Canadiens s'identifient d'abord et avant tout à la nation canadienne. Presque le quart s'identifie plutôt en premier lieu à sa province ou sa région. Cet aspect identitaire est particulièrement marqué au Québec, où 42 % des gens se considèrent comme Québécois avant de se considérer comme Canadiens. Seul l'Ontario fait exception, alors que la majorité des sondés se voient d'abord comme Canadiens.

Les provinces de l'Atlantique

La région de l'Atlantique est historiquement — certains diront de façon systémique — sous-développée sur le plan économique. En fait, le dynamisme de ces économies régionales, basées principalement sur les ressources naturelles, fluctue au gré de la demande mondiale. Le taux de chômage y est supérieur à la moyenne nationale et la région accueille moins de migrants que la plupart des autres parties du pays. Pourtant, l'attachement viscéral des habitants à leur milieu et à leur histoire en fait une région bien vivante.

Terre-Neuve-et-Labrador

Terre-Neuve ne se joint au Canada qu'en 1949. Son isolement géographique du reste du pays renforce le sentiment d'appartenance de ses habitants à une culture particulière, dont l'un des symboles est un fuseau horaire particulier, décalé d'une demi-heure. La province comprend l'île de Terre-Neuve et le territoire continental adjacent du Labrador. La population terre-neuvienne est en majeure partie constituée des descendants de colons dont les familles ont migré dans les années 1700 et 1800. Le Labrador est quant à lui majoritairement autochtone. L'économie provinciale ne s'est jamais remise de l'effondrement de la pêche à la morue à la fin du XXe siècle. En 2006, le taux de chômage s'élève à 18,6 %, soit près de trois fois la moyenne nationale.

Timbre du Dominion de Terre-Neuve, vers 1935

Île-du-Prince-Édouard

L'Île-du-Prince-Édouard (Î.-P.-É.) est la plus petite province du pays. Au XIXe siècle, les habitants de l'île se rebellent contre un système semi-féodal de propriété foncière qui les empêche de posséder leurs propres fermes. L'Î.-P.-É. est l'hôte des premières réunions portant sur la négociation de la Confédération canadienne. Ce lien étroit avec l'État-nation fédéral, si souvent vanté par ses habitants, doit parfois sembler bien théorique dans une province peu peuplée, dont le taux de chômage est très élevé. Une des productions culturelles les plus célèbres de l'île est le roman *Anne... la maison aux pignons verts,* de Lucy Maud Montgomery, qui illustre avec éloquence la complexité de la pensée féministe du début du XXe siècle au Canada.

La Nouvelle-Écosse a la population la plus importante et le taux de chômage le plus faible de toutes les provinces maritimes. Ce sont d'abord des colons français qui s'y installent dans les années 1600.

Défilé de la fierté gaie, Halifax, Nouvelle-Écosse, 2010

Dans les années 1750, la Grande-Bretagne déporte les Acadiens après avoir confisqué leurs terres, un traitement qu'elle avait déjà réservé aux Autochtones mi'kmaq. À la fin du siècle, la Nouvelle-Écosse accueille une dynamique communauté noire libre, qui doit se battre pour obtenir reconnaissance et égalité, ou tout simplement pour survivre. Dans les années 1940, Viola Desmond, une coiffeuse, est arrêtée dans un cinéma pour s'être assise dans l'un des sièges réservés aux « Blancs ».

N'ayant payé la taxe que sur le montant d'un billet pour un siège au balcon, réservé aux « Noirs », elle est accusée de fraude. Déterminée à contester la légalité de la ségrégation raciale, elle porte en vain sa cause devant les tribunaux. Vingt ans plus tard, la collectivité noire historique d'Africville est rasée, dans le cadre d'un plan de rénovation urbaine nullement attentif au sort de la communauté.

Nouveau-Brunswick

Le Nouveau-Brunswick accueille la deuxième population francophone en proportion au Canada. L'économie néo-brunswickoise repose essentiellement sur des industries primaires telles la foresterie, l'agriculture et la pêche, alors que quelques capitalistes puissants y jouent un rôle dominant. L'empire *Irving*, évalué à quelque 7 à 9 milliards de $ US, est non seulement le plus grand propriétaire foncier de la province, mais il en possède également tous les quotidiens, sauf un. L'entreprise familiale de frites *McCain*, basée à Florenceville, est quant à elle la deuxième plus grande compagnie privée au Canada. Étant donné la domination exercée par un petit nombre de personnes richissimes sur l'économie de la province, il n'est pas surprenant de constater que les politiques y tendent à être conservatrices, le pouvoir passant selon la conjoncture des mains des libéraux à celles des progressistes-conservateurs, deux partis déterminés à satisfaire la grande entreprise.

Québec

Les origines du Québec actuel remontent à l'époque de la Nouvelle-France. Aujourd'hui, plus de huit millions de personnes y vivent, dont plus des trois quarts parlent principalement français. La préservation et la sauvegarde de leur culture préoccupent depuis longtemps les francophones, qui sont conscients de leur statut minoritaire au sein d'un continent majoritairement anglophone. Depuis les années 1960, ces inquiétudes les amènent à militer activement pour que la province acquière davantage d'autonomie, certains souhaitant même qu'elle soit indépendante du reste du Canada. En 1980 et 1995, le Parti québécois, au pouvoir, tient deux référendums

Manifestation mobilisant des milliers de citoyens à moins de deux semaines des élections provinciales, Montréal, août 2012.

pour déterminer s'il vaut mieux que la province devienne un pays indépendant; chaque fois, une majorité de citoyens répond « non », mais le résultat est beaucoup plus serré en 1995 qu'en 1980. Il faut dire qu'entretemps, le rapatriement unilatéral de la Constitution canadienne, c'est-à-dire sans l'accord du Québec, après le référendum de 1980 et l'adoption d'une *Charte canadienne des droits et libertés* représentent, pour bien des francophones, une série de reculs politiques importants pour le Québec et renforcent par le fait même le camp des partisans de l'indépendance.

Au tournant des années 2000, les craintes ressenties par de nombreux Québécois envers les transformations de la composition ethnoculturelle de la société prennent notamment la forme d'une profonde réticence à l'égard de certaines pratiques identitaires observées chez des membres des « minorités visibles », qui représentent 9 % de la population en 2006. Les « accommodements raisonnables » — un principe balisé par les chartes canadienne et québécoise et visant à faire respecter le droit à l'égalité par l'assouplissement de règles qui pourraient engendrer des formes indirectes de discrimination —, leur semblent particulièrement menaçants pour l'identité des francophones. Relayées par les médias, qui en exagèrent trop souvent l'ampleur, la fréquence et la portée, certaines demandes d'accommodements émises des membres des communautés ethnoculturelles, notamment en matière religieuse, font alors l'objet de dénonciations virulentes de la part de francophones et provoquent parfois de vives polémiques. En 2007, pour calmer les appréhensions et réfléchir à ces enjeux importants, le gouvernement québécois confie à deux universitaires le mandat de se pencher sur la question. Lors des audiences publiques qu'elle tient, la commission Bouchard-Taylor, du nom des deux intellectuels qui la dirigent, voit défiler de nombreux citoyens qui y trouvent une tribune pour ventiler leurs craintes. Tandis que certains témoignent de leur ouverture, d'autres expriment des sentiments empreints de xénophobie et même de racisme. Cette démarche et les débordements auxquels elle donne lieu amènent la société québécoise à s'interroger sur les enjeux de la diversité culturelle et sur la place qu'elle entend faire aux pratiques culturelles et religieuses minoritaires. En 2012, les recommandations contenues dans le rapport des deux commissaires — déposé en 2008, mais jamais entériné par le gouvernement — continuent toujours de susciter des débats enflammés.

Ontario

L'Ontario, qui compte presque 40 % de la population et qui possède la plupart des industries manufacturières du pays, est la province la plus riche et la plus peuplée au Canada. Elle conserve sa position de tête pendant la majeure partie du XXe siècle grâce à ces industries, mais ces dernières la rendent plus vulnérable à l'effondrement du

En mémoire de Jack Layton, hôtel de ville de Toronto, août 2011

marché boursier mondial et de l'économie états-unienne qui commence en 2007. L'Ontario, notamment Toronto, sa capitale, est le lieu de résidence de prédilection de nombreux immigrants, surtout depuis les années 1950. La réputation de « ville la plus multiculturelle au monde », souvent revendiquée par les habitants de Toronto, est probablement fausse, mais la « Ville Reine » porte l'empreinte d'une véritable diversité, qui fait évoluer son histoire ainsi que celle du pays. En 2006, presque la moitié de ses habitants sont nés à l'extérieur du Canada.

Les provinces des Prairies

La plus grande partie de l'Alberta, de la Saskatchewan et du Manitoba, contrairement à ce que laisse entendre leur désignation commune, n'est pas techniquement une prairie et ces trois provinces présentent de nombreuses différences, dont certaines d'ordres politique et économique. Elles ont cependant en commun d'avoir été les dernières régions du Canada à être colonisées par les « Blancs », d'abriter une importante population autochtone et d'être dépendantes d'un marché mondial pour les produits agricoles de base (surtout le blé) plutôt volatil.

Manitoba

Le Manitoba naît au XIXᵉ siècle des luttes du chef des Métis, Louis Riel. Après la signature de la *Loi de 1870 sur le Manitoba,* le nombre

d'Autochtones diminue au sein de la population, de plus en plus dominée par des colons. Leur migration est encouragée par le gouvernement fédéral, qui cherche alors à disperser les peuples autochtones, à régler par traités leurs revendications territoriales et à les confiner dans des réserves. À la fin du XIXe et au XXe siècle, le Manitoba met en place une solide économie basée sur la finance,

Grève générale de Winnipeg, 21 juin 1919

la distribution et la fabrication, alors qu'une population venant de partout en Europe et en Amérique du Nord s'y installe. Le Manitoba est la première province à donner le droit de vote à la plupart des femmes en 1916. La « métropole des Prairies », Winnipeg, est le théâtre de la grève générale la plus longue

et spectaculaire de l'histoire du continent en 1919. Comme la Saskatchewan, le Manitoba élit périodiquement des gouvernements provinciaux sociaux-démocrates depuis les années 1970.

Jeux autochtones de l'Amérique du Nord, 2002, Winnipeg, Manitoba

Saskatchewan

La Saskatchewan et l'Alberta sont créées en 1905 sur les bases de ce qu'on nomme alors les Territoires du Nord-Ouest et sont l'expression de la vision du gouvernement fédéral d'un Ouest agricole bâti par des colons. À la fin du XIXe et au début du XXe siècle, la Saskatchewan devient la province la plus directement associée à l'image d'Épinal de « la prairie » : dépendante de l'agriculture (en particulier du blé), démesurément rurale, vulnérable à un environnement impitoyable et à une économie mondiale fluctuante. Les Premières Nations sont largement exclues de cette économie et

Le ministre de l'Environnement Ralph Klein rencontre des opposants à une usine de pâte à papier, Alberta, vers octobre – décembre 1989

les coûts liés à cette situation apparaissent plus clairement à mesure que la proportion d'Autochtones augmente au sein de la population. Comme au Manitoba, environ 15 % des habitants de la Saskatchewan sont aujourd'hui Amérindiens; ils constituent un segment de population jeune et en pleine expansion.

Alberta

Dans l'imaginaire populaire canadien contemporain, l'Alberta est réputée pour son conservatisme et la richesse que lui procure l'industrie pétrolière. Pendant l'essentiel du XXe siècle, la province est pourtant mieux connue pour son radicalisme social. Elle est en effet le berceau des politiques féministes et sociales défendues par la suffragette, auteure et femme politique Nellie McClung, ainsi que des positions féministes, mais aussi racistes,

de la juge et écrivaine Emily Murphy. Dès 1917, des femmes sont élues à l'Assemblée législative, puis siègent au gouvernement provincial de l'Alberta. Si le conservatisme social et fiscal domine la politique provinciale au cours de la deuxième moitié du XXᵉ siècle, l'élection à la mairie de Calgary de Naheed Nenshi en 2010, un passionné de politique aux sympathies de gauche, formé à Harvard et premier maire musulman d'une métropole canadienne, laisse penser que l'Alberta amorce peut-être une redécouverte de son passé.

Agents de police encadrant une manifestation de la *Calgary Coalition against War and Poverty*, Calgary, Alberta, 2004

Colombie-Britannique

Les commentaires superficiels sur la beauté physique de cette province cachent une histoire et une actualité plus complexes. La Colombie-Britannique est certes un bel endroit, mais elle est aussi le théâtre de conflits durables entre les colons blancs et les immigrants d'origine asiatique qui viennent y vivre dès le début du XXᵉ siècle. Les Britanniques s'établissent sur ce territoire au milieu des années 1800 et y fondent les colonies de l'Île-de-Vancouver, puis de la Colombie-Britannique. En Colombie-Britannique, les revendications territoriales autochtones ne font habituellement pas l'objet de traités, ce qui explique que la propriété de plusieurs des terres de la province est actuellement contestée

Amateurs de hockey et murale historique, Vancouver, C.-B., 2011

et revendiquée par les Premières Nations. Traditionnellement, le commerce, les mouvements migratoires et les communications relient la côte Ouest aux territoires états-uniens au sud et à l'Asie. La population d'origine asiatique de la Colombie-Britannique s'y est d'ailleurs installée en même temps que les autres non-Autochtones. En 2009, 24,6 % des Britanno-Colombiens sont identifiés aux « minorités visibles », la proportion la plus importante au Canada.

Camion-citerne, route de Dempster, Territoires du Nord-Ouest

Les territoires du Nord

Le Yukon, les Territoires du Nord-Ouest et le Nunavut constituent les entités politiques les plus nordiques du Canada. Chacune possède un gouvernement « territorial » plutôt que provincial.

Yukon

Le contact entre Autochtones habitant les terres bordant le fleuve Yukon et non-Autochtones s'établit de façon intensive pendant la ruée vers l'or de 1898. Aujourd'hui, le territoire compte deux villes, Whitehorse et Dawson City, et est la seule des trois entités nordiques où les non-Autochtones sont plus nombreux que les Autochtones. C'est aussi là que les négociations relatives à l'autonomie gouvernementale sont les plus fructueuses. L'obtention de la suppression du mot « Territoire » du nom officiel en est un exemple.

Les Territoires du Nord-Ouest

Les Territoires du Nord-Ouest sont créés en 1870 quand la Compagnie de la Baie d'Hudson cède au Canada une partie importante du nord de l'Amérique du Nord. Les terres acquises sont graduellement découpées en territoires et en provinces et les « Territoires du Nord-Ouest » qui subsistent aujourd'hui couvrent le territoire situé entre le Yukon à l'ouest et le Nunavut à l'est. Plus de la moitié de la population est autochtone, pour la plupart des membres des Premières Nations et une minorité d'Inuits.

Nunavut

Le Nunavut est séparé des Territoires du Nord-Ouest en 1999, entre autres à la suite d'un combat plus large mené en faveur de l'autonomie politique des Autochtones et de la préservation de la culture inuite. L'Arctique est depuis longtemps un lieu de contact avec les Européens : il existe des documents écrits sur la région dès 1576. La capacité des Inuits à mettre en place des outils favorisant leur autonomie gouvernementale et à poser des gestes symboliques d'affirmation culturelle (par exemple, renommer la capitale, anciennement Frobisher Bay, qui commémorait un explorateur britannique, au moyen d'un nom en inuktitut, Iqaluit) témoigne du fait que le modèle de colonie de peuplement ne prévaut pas partout au Canada. Presque 70 % des habitants du Nunavut déclarent avoir l'inuktitut comme « langue maternelle ».

Drapeau du Nunavut

15 questions pour fins d'études

1. Qui sont les Premières Nations?

2. Qu'est-ce qu'une colonie de peuplement et pourquoi les empires européens ont-ils cherché à conquérir l'Amérique du Nord?

3. Qui sont les personnes vivant et travaillant au Canada à qui la citoyenneté est refusée? Comment les lois établissent-elles des distinctions entre quelqu'un qui est « citoyen » et quelqu'un qui n'en est pas un?

4. Rébellion, désobéissance civile et dissidence ont été des facteurs cruciaux dans l'évolution des droits individuels et collectifs. En quoi ces facteurs ont-ils constitué des défis à l'autorité de l'État? Comment mouvements sociaux et contentieux politiques ont-ils contribué à façonner les droits de la citoyenneté?

5. Comment la politique de l'immigration a-t-elle évolué au fil des ans? Quelles sont les personnes à qui l'on a interdit l'entrée au Canada, et pour quelles raisons?

6. Qui était Louis Riel?

7. Pourquoi des symboles du militarisme et de la royauté (agents de la Gendarmerie royale, soldats et images de la reine) figurent-ils sur de nombreuses représentations récentes de la nation canadienne?

8. Qu'est-ce que l'affaire « Personnes » et pourquoi est-elle importante dans la lutte pour l'équité entre les sexes au Canada?

9. Qu'est-ce que la promotion de biens de consommation (café, bière, beignets et poutine) comme symboles nationaux nous apprend sur la citoyenneté canadienne?

10. En quoi l'histoire du Canada est-elle différente selon qu'elle est racontée par des Francophones ou des Anglophones? Pourquoi?

11. Pourrions-nous émettre un timbre qui commémorerait la Rébellion du Nord-Ouest, la grève générale de Winnipeg, le Front de libération du Québec ou la Caravane pour l'avortement? Pourquoi pas?

12. Si le Canada est un « pays de droit », protégé par la *Charte des droits et libertés*, pourquoi les manifestants risquent-ils encore d'être arrêtés sans chef d'accusation?

13. Le paiement de l'impôt est une obligation des citoyens, résidents et entreprises canadiens. Le système fiscal canadien est-il juste? Est-ce que tous ceux et celles qui doivent payer des impôts le font de façon équitable?

14. Consultez *Découvrir le Canada : Les droits et responsabilités liés à la citoyenneté* (en ligne à http://www.cic.gc.ca/francais/ressources/publications/decouvrir/index.asp). Pourquoi l'actuel gouvernement conservateur a-t-il produit ce guide? Quelles sont les valeurs qui y sont défendues? Quels symboles du Canada célèbre-t-on et quels sont ceux qui sont minimisés ou omis?

15. Pouvons-nous créer une citoyenneté canadienne plus équitable et juste? Ou devrions-nous plutôt œuvrer à la remise en question des notions de nation, de frontière et de citoyenneté, afin de bâtir des alliances mondiales?

Collaborateurs

Denyse Baillargeon enseigne au département d'histoire de l'Université de Montréal. Spécialiste de l'histoire des femmes, de la famille, de la santé et de la consommation, elle est l'auteure de plusieurs ouvrages, dont une *Brève histoire des femmes au Québec*, parue chez Boréal en 2012.

David Churchill est professeur agrégé en histoire des États-Unis à l'Université du Manitoba, où il dirige l'Institute for the Humanities. Il étudie et écrit sur l'histoire des mouvements sociaux radicaux et l'histoire des personnes homosexuelles. Il coordonne la LGBTTQ (lesbiennes, gais, bisexuels, transgenres et bispirituels) ainsi que la Oral History Initiative de l'Institut, qui traite de la vie des militants de Winnipeg.

Dominique Clément est professeur adjoint au département de sociologie de l'Université d'Alberta. Il est l'auteur de *Canada's Rights Revolution: Social Movements and Social Change, 1937–1982*. Il est également un des directeurs de *Debating Dissent: Canada and the 1960s* et d'*Alberta's Human Rights Story: The Search for Equality and Justice*. Il administre aussi www.HistoryOfRights.com, dédié à l'histoire du mouvement des droits de la personne au Canada.

Karen Dubinsky enseigne aux départements des études du développement mondial et d'histoire à l'Université Queen's et écrit des ouvrages sur les politiques mondiales relatives à l'enfance. Son livre le plus récent est *Babies Without Borders: Adoption and Migration across the Americas*. En 1991, elle a passé et raté l'examen pour la citoyenneté canadienne de 1955, qu'elle a découvert en classant les biens de sa grand-mère immigrante décédée depuis peu.

Stéphan Gervais est coordonnateur des études québécoises à l'Université McGill. Il a participé à la fondation de la revue scientifique *Globe. Revue internationale d'études québécoises* (revueglobe.ca) et du magazine *Les Cahiers du 27 juin*. Il est membre du comité de rédaction de la revue *Nouveau Projet* (nouveauprojet.com) et coéditeur du livre *Les Autochtones et le Québec*, édité aux Presses de l'Université de Montréal, 2013

Ian Hudson est professeur agrégé en économie à l'Université du Manitoba, où il travaille sur l'économie politique. Son livre le plus récent (avec Robert Chernomas) est *The Gatekeeper: 60 Years of Economics According to the New York Times*. Il publie également sur des questions économiques canadiennes en tant qu'assistant de recherche au Centre canadien de politiques alternatives.

Professeure agrégée d'histoire à l'Université du Manitoba, **Esyllt Jones** étudie l'histoire de la santé, des maladies et des mouvements sociaux. Auteure d'*Influenza 1918: Disease, Death and Struggle in Winnipeg,* elle est également membre du comité de rédaction d'*Arbeiter Ring Publishing*.

Mary-Ellen Kelm enseigne l'histoire à l'Université Simon Fraser, où elle est titulaire de la Chaire de recherche du Canada sur l'histoire, la médecine et la société autochtones. Son livre le plus récent s'intitule *A Wilder West: A History of Rodeo in Western Canada*. Elle est impliquée dans le projet de conservation de l'histoire d'Alternative Vancouver, mouvement d'organismes et des personnes qui ont imaginé des environnements de vie et une éducation différents à Vancouver dans les années 1960, 1970 et 1980.

Mark Leier enseigne l'histoire à l'Université Simon Fraser. Son dernier livre en date est *Bakunin: The Creative Passion*.

Steven Maynard enseigne l'histoire du Canada à l'Université Queen's de Kingston, en Ontario. Il s'occupe des politiques de la sexualité et écrit sur ce sujet depuis plus de vingt ans. Il habite Toronto.

Sean Mills est l'auteur de *Contester l'empire : pensée postcoloniale et militantisme politique à Montréal (1963–1972)*. Il enseigne l'histoire à l'Université de Toronto. Spécialiste du Québec et du Canada d'après 1945, il s'intéresse à la pensée, aux migrations, aux questions ethniques, nationalistes et sexuelles postcoloniales, ainsi qu'à l'histoire de l'empire et des mouvements d'opposition.

Debra Parkes est professeure agrégée à la faculté de droit de l'Université du Manitoba. Ses recherches portent sur les perspectives et défis de l'atteinte de la justice sociale à travers les contentieux et les stratégies fondées sur les droits. Elle est la rédactrice anglophone de la revue *Femmes et droit*.

Adele Perry est professeure agrégée et titulaire de la Chaire de recherche du Canada (niveau 2) au département d'histoire de l'Université du Manitoba. Elle est l'auteure d'*On the Edge of Empire* et codirectrice de *Rethinking Canada: The Promise of Women's History*. Elle travaille sur une étude approfondie d'une famille de l'élite créole/métisse et sur les circuits et lois migratoires dans l'Empire britannique au XIXe siècle.

Mary Anne Poutanen est membre du Groupe d'histoire de Montréal et enseigne à l'Université Concordia ainsi qu'au sein du programme d'études sur le Québec de l'Université McGill. Elle est coauteure de *A Meeting of the People : School Boards and Protestant Communities in Québec, 1801–1998*. Elle termine présentement un ouvrage intitulé *Beyond Burtal Passions : Prostitution in Early Nineteethn-Century Montreal* et travaille sur un projet de recherche portant sur les tavernes de Montréal.

Sonya Roy est étudiante au doctorat au département d'histoire de l'Université McGill et est membre active du Groupe d'histoire de Montréal. Ses intérêts de recherches concernent l'immigration/déportation, la citoyenneté, l'ethnicité, le genre et les politiques sociales. Sa thèse porte la situation des chômeurs célibataires de Montréal pendant la crise économique des années 1930.

Jarrett Rudy enseigne l'histoire du Québec contemporain et l'histoire canadienne à l'Université McGill. Il est l'auteur du livre *The Freedom to Smoke : Tobacco Consumption and Identity,* paru en 2005. Ses recherches actuelles portent sur l'histoire de la conscience du temps au Québec, 1855–1950.

Crédits photographiques et permissions de reproduire

INTÉRIEUR

« Arrivée d'immigrants à la gare de Winnipeg, vers 1909 », Musée McCord, MP-0000.2328.13

« Wampum », Musée McCord, M13321

« Carte de Cha Chay Pay Way Ti représentant les cours d'eau d'une partie du nord du Manitoba », Peter Fiddler, 1806, dans John Warkentin et Richard I. Ruggles, *Manitoba Historical Atlas : A Selection of Facsimile Maps, Plans, and Sketches from 1612 to 1969*, Winnipeg, Historical and Scientific Society of Manitoba, 1969, p. 142

« Portrait d'une femme haïtienne », Musée McCord, M12067

« Le Canada », Pierre du Val, 1653, dans John Warkentin et Richard I. Ruggles, *Manitoba Historical Atlas : A Selection of Facsimile Maps, Plans, and Sketches from 1612 to 1969*, Winnipeg, Historical and Scientific Society of Manitoba, 1969, p. 32

« Le village de Lachine entouré d'une palissade, 1689 », Musée McCord, M967.50.8

« Incendie du Parlement à Montréal », Musée McCord, M11588

« Vue arrière de l'église Saint-Eustache et dispersion des insurgés », Musée McCord, M4777.6

« Annonce aux émigrants désireux de partir pour l'Amérique du Nord. Pour Sydney, Cap-Breton, Pictou, en Nouvelle-Écosse, et le Québec, 15 juillet 1845 », Archives du Glenbow Museum, Poster-28

« Intérieur d'un atelier », Musée McCord, M930.50.8.79

« Louis Riel, Montréal, Québec, 1868 », Archives du Glenbow Museum, NA-2631-1

« Cimetière autochtone, Lebret, SK, 1885 », Archives du Glenbow Museum, NA-908-2

« Pique-nique des mères, parc Stanley, C.-B., 1935 », Archives du Glenbow Museum, NA-3634-10

« Dépôt par la Ligue pour l'égalité politique d'une pétition pour l'affranchissement des femmes, Winnipeg, MB, 23 décembre 1915 », Archives du Manitoba, Section des archives iconographiques, collection Événements, 173/3

« Le *Komagata Maru* dans le port de Vancouver, juillet 1914 », Archives de la Ville de Vancouver, 7-123, fonds James Luke Quiney

« Quelques-uns des premiers Cris enrôlés, Le Pas, Manitoba, 1914 », Archives du Manitoba, Section des archives iconographiques, collection John A. Campbell - Série IV, no 1

« Camp d'internement à Banff, Alberta, vers 1914-1918 », Archives du Glenbow Museum, NA-2126-18

« Adieux aux Nippo-Canadiens envoyés dans un camp de travail près de Jasper, en Alberta, en février 1942 », Archives de la Ville de Vancouver, 1194-12, Jack Lindsay Photographers

« Sommet des Amériques. La clôture de 3,8 km — le mur de la honte —, cède rapidement sous le poids des manifestants dès le premier jour », Caroline Hayeur/ Agence Stock Photo

« S'inspirant de l'occupation d'Alcatraz par les Indiens de toutes les tribus (1969–1971), des membres de la Société des guerriers mohawks d'Akwesasne revendiquent Loon Island, près de Cornwall, en Ontario, 1970 », dans Gerry Kopelow, *All Our Changes : Images From the Sixties Generation*, Winnipeg, University of Manitoba Press, 2009

« Manifestations contre la guerre sur la 8e Avenue [Stephen Avenue], Calgary, AB, 1971 », Archives du Glenbow Museum, NA-2864-19095

« Maison située dans le village de Schefferville, 1994 », Caroline Hayeur/ Agence Stock Photo

« Tournée de la Caravane pour l'avortement, Calgary, AB, 1970 », Archives du Glenbow Museum, NA-2864-5986

« Après 100 jours de grève, les étudiants et la population solidaire ont envahi par centaine de milliers les rues de Montréal pour protester contre la loi 78 », 22 mai 2012, Caroline Hayeur/Agence Stock Photo.

« Concert de casseroles », 26 mai 2012, Montréal, Caroline Hayeur/Agence Stock Photo

« Canadian Caribbean Association, section Calgary, 1973 », Archives du Glenbow Museum, NA-2864-22955

« Foire alimentaire ethnique, temple Al Azhar, Calgary, AB, 1956 », Archives du Glenbow Museum, NA-5600-7976b

« Les Tam-tams du mont Royal », Caroline Hayeur/Angence Stock Photo

« Une fillette attend sa mère, qui exerce son droit de vote lors d'élections municipales, Calgary, AB, 1974 », Archives du Glenbow Museum, NA-2864-26228

« Caricature sur le droit de vote des femmes, 1914 », Archives du Glenbow Museum NA-3818-14

« Chant de gorges et tambour avec le groupe Black Bear de la communauté attikamek durant la rencontre spirituelle chez le grand-père William Commanda à Kitigan Zibi, Maniwaki, Outaouais, 6-7 août 2004 », Caroline Hayeur/Agence Stock Photo

« Foule d'électeurs dans le bureau de vote à l'école Altadore lors d'une élection municipale, Calgary, AB, 1953 », Archives du Glenbow Museum, NA-5600-6732c

« Manifestants lors du sommet du G20 et agents de la police de Toronto, juin 2010 », arindambanerjee/Shutterstock.com Image ID : 56579431

« Cellule pour femme, prison de la police, Calgary, AB, années 1950 », Archives du Glenbow Museum, NA-2861-36

« Manifestation contre la brutalité policière », Montréal, 15 mai 2010 », Caroline Hayeur/Agence Stock Photo

« Casse-croûte sur la côte du Beaver Hall à Montréal », Caroline Hayeur/Agence Stock Photo.

« St-Viateur Bagel », Caroline Hayeur/Agence Stock Photo

« Intérieur aréna municipal de Montréal », Caroline Hayeur/Agence Stock Photo

« Opération SalAMI, manifestation anti-capitaliste et altermondialiste contre l'Accord multilatéral sur l'investissement (AMI). Une centaine de citoyens bloquent pacifiquement l'accès au Centre Sheraton où doivent se réunir les représentants des pays de l'Organisation de Coopération et de Développement Économiques (OCDE) », Montréal, mai 1998, Caroline Hayeur/Agence Stock Photo

« Participant à une manifestation sur la Colline du Parlement à Ottawa. À l'arrière-plan, bâtiments du Parlement et une autre manifestation. Ottawa, le 26 février 2011 », Ryerson Clark/istockphoto File # : 15902431

« Timbre du Dominion de Terre-Neuve, vers 1935 », rook76/Shutterstock.com Image ID : 79551190.

« Défilé de la fierté gaie, Halifax, 2010 », V.J. Matthew/Shutterstock.com Image ID : 58073275

« La traditionnelle manifestation du 22 de chaque mois a mobilisé des milliers de citoyens à moins de deux semaines des élections provinciales », 22 août 2012, Montréal, Caroline Hayeur/Agence Stock Photo

« En mémoire de Jack Layton, hôtel de ville de Toronto, août 2011 », Paul McKinnon/Shutterstock.com Image ID : 83531176

« Jeux autochtones de l'Amérique du Nord, 2002, Winnipeg, Manitoba », Keith Levit/Shutterstock.com Image ID : 1124435.

« Grève générale de Winnipeg, 21 juin 1919 », Archives du Manitoba, Section des archives iconographiques, collection Foote, 1696

« Le ministre de l'Environnement Ralph Klein rencontre des opposants à une usine de pâte à papier, Alberta, 1989 », Archives du Glenbow Museum, PA-1599-354c-81

« Agents de police encadrant une
manifestation de la Calgary Coalition
against War and Poverty, Calgary, Alberta,
30 juin 2004 », Archives du Glenbow
Museum, M-9390-13-1

« Amateurs de hockey et murale historique,
Vancouver, 2011 », Sergei Bachlakov/
Shutterstock.com Image ID : 79248544

« Camion-citerne, route de Dempster,
Territoires du Nord-Ouest », Oksana
Perkins/Shutterstock.com Image ID :
15753874

« Drapeau du Nunavut », Rene Grycner/
Shutterstock.com Image ID : 79218805

PREMIÈRE DE COUVERTURE

« Les Mémés déchaînées marchent pour la
lutte contre les changements climatiques, 3
décembre 2005 », Caroline Hayeur/Agence
Stock Photo

« Patinage sur le canal Rideau, à Ottawa »,
Vlad Ghiea/Shutterstock.com Image ID :
3433918

QUATRIÈME COUVERTURE

« Autochtone naskapi devant la première
maison de colons français aux abords de
Schefferville », Caroline Hayeur/Agence
Stock Photo

« Manifestation de la communauté
congolaise de Montréal contre la
compagnie minière Barrick Gold »,
novembre 2008, Caroline Hayeur/Agence
Stock Photo

Remerciements

CE LIVRE EST UNE ŒUVRE COLLABORATIVE, *et les personnes que je tiens à remercier sont nombreuses. Stéphan, Mary Anne, Denyse et Jarrett ont été généreux de leurs idées, de leurs commentaires et de leur temps. Ils ont été patients, engagés et surtout passionnés lors de nos séances de travail en groupe, j'en garde des souvenirs impérissables. Merci de votre soutien et de vos précieux conseils, la réussite de ce projet vous revient en grande partie.*

Je tiens à remercier Esyllt Jones et Adele Perry de m'avoir accordé toute la liberté nécessaire à l'élaboration de cette version. Merci aux auteurs qui ont travaillé à la version anglaise du guide, nous avons ainsi pu construire sur d'excellentes bases.

Merci à Richard Wood pour sa patience et pour m'avoir guidé dans le processus d'édition. La créativité, le talent et la générosité de la photographe Caroline Hayeur m'ont permis d'enrichir l'ouvrage de photographies inédites, qui témoignent de l'engagement des Canadiens et de leurs visions du Canada. Enfin, la réalisation de ce projet a été possible grâce à l'appui financier du Conseil de recherches en sciences humaines du Canada.

Beaucoup de personnes ont vu et commenté des versions différentes de ce guide, qui, en fin de compte, est une lecture parmi les nombreuses possibles. En dépit des avertissements d'usage (toutes erreurs et inexactitudes sont de mon fait), j'espère que ce guide constituera une base utile à la réflexion et qu'il alimentera de nombreuses conversations autour du sens profond des notions de nation, frontière, citoyenneté, droits et égalité au Canada.